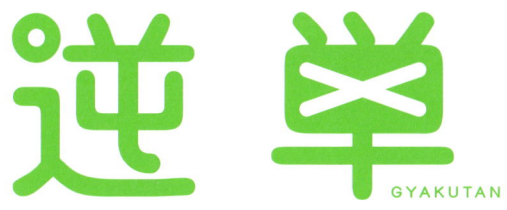

逆単
GYAKUTAN

日本語から逆にたどる英単語

晴山 陽一
YOICHI HAREYAMA

ダイヤモンド社

はじめに　『逆単』の発想

　心理学の本にこんなことが書かれていた。
「人間の短期記憶は20秒ごとに上書きされる」と。
　つまり、単語を学ぶ場合で説明すると、ひとつの単語を20秒で覚えて次の単語に進むと、最初に覚えた単語は上書きされて記憶から消されてしまうというのだ。このような学習を1時間続けるとどうなるか。極論かも知れないが、最後の20秒で覚えた単語以外はすべて上書きされて記憶から抹消されている。つまり、1時間もかけたのに、20秒で1単語覚えたのと何も変わらない結果になる。多くの人の努力が実を結ばない理由は、案外こんなところにあるのかもしれない。つまり、「短期記憶のワナ」にはまっているのだ。これが「覚えたつもり症候群」の原因となる。
　もっと人間の好奇心や思考力に訴える学び方はないものだろうか。単語を次々覚えては忘れていくよりマシな覚え方はないのか。そこで思いついたのが、この『逆単』だった。
　通常の単語集は、まず英単語が与えられ、次にその語義が与えられ、例文で確認する。いわば、学習者は単語のまわりを動き回って単語のいろいろな姿を捉え、覚えようとするわけだ。これに対し、『逆単』では、単語のほうに動き回ってもらう。発想が逆なのである。どういうことか説明しよう。
　ある時、私はこんな素朴な疑問を持った。
「かける」という言葉を例にして説明すると、「かける」という動詞は、いろいろなケースで使う。「コートをかける」「カバーをかける」「CDをかける」「エンジンをかける」「お金をかける」「会議にかける」「8をかける」などなど。このように日本語の「かける」はいろんな場合に使えるが、それに対応する英単語はどうなのだろう？？？
　日本語の場合と同様、同じ言葉の使いまわしですむのか、それともいちいち別の英単語が出てきて対応するのか。
　言うまでもなく、答えは後者である（64ページ参照）。

　　　「コートをかける」の「かける」は hang
　　　「カバーをかける」の「かける」は spread
　　　「CDをかける」の「かける」は play
　　　「エンジンをかける」の「かける」は start

「お金をかける」の「かける」は spend
「会議にかける」の「かける」は bring up
「8をかける」の「かける」は multiply

　日本語は「かける」の1語ですむのに、英単語はすべて別々の語が出てきて、きりきり舞いしている。ちょっと愉快な気になった。こうして、通常の単語集とは反対に、われわれはじっと座っていて、英単語のほうに動いてもらう"画期的"な単語帳ができ上がった。

　だから、本書の見出し語は英語ではなく日本語である。「合う」以下の**動詞が75個**、「明るい」以下の**形容詞が16個**、「運動」以下の**名詞が9個**で、合わせて見出しの数はちょうど100個。

　先ほども言ったように、この本は、好奇心と思考力を使って読んでほしい。そのためには、行儀よく上から1行ずつ読む単語集とはまったく異なる読み方が必要だ。そのことを、次ページ以降でさらに説明していこう。

　受け身で読む単語集は、「短期記憶のワナ」にはまって時間を空費する。この本は、能動的に読むことによって、単語のほうがしっぽを振って寄ってくる。どうか、集まってきた単語たちを可愛がっていただきたい。

　最後にひとこと。この本は、左ページで観察し、右ページで書き込んで覚えるようにできている。学んだことをすぐに手で書くことによって、「短期記憶のワナ」に陥らずにすむ。というわけで、えんぴつかシャーペンを1本ご用意いただきたい。本書は、実は気楽にできる**「書き込み式単語集」**なのである。

　この本の第一の効用は、英単語をマップ上で、他の単語との連関の中で捉えられることだろう。20項目ずつ書き込んでいけば、たった5日で終えることもできる。他の単語集で勉強した場合と違い、英単語を生き生きと印象的に記憶することができると思う。

この本の構成と賢い使い方

1 構成

ちょっと中をのぞいていただけばわかるように、本書はすべて見開き構成になっている。

→ 左のページ

左ページは「CHART」と題し、たとえば100番目の「道」の場合なら、日本語の「道」の意味がどのように分岐しているかを、一目でわかるようにマップ化してある。簡単に図式化すると、次のようになる。

このチャートにより、「道」の意味系統は大きく2つに分かれ、それぞれ「①道路→②進路→③距離・道のり」という流れと「④方法・手段→⑤方面・分野」という流れに分析できることがわかる。

さらに、それぞれの①から⑤の意味を表す英単語が列記される。たとえば、①の「道路」なら、road, way, street, path, route, track, trail, avenue, highway といった具合である。もちろん、それぞれの語義も添えてある。

このページの下には、私が「道」という概念をどのように分析してマップ化したかを簡潔に述べた2〜3行の「説明文」が置かれている。

→ 右のページ

右ページは「YOUR TURN!」と題した、左ページに出てきたすべての単語の、書き込み式穴埋め練習の場だ。たとえば、先ほどの「道路」の場合を例にとると、

この道に沿って行く　go along this (r　　　　)
駅へ行く道　the (w　　　　) to the station
通りの向かい側　the other side of the (s　　　　)

005

のような穴埋め問題が並ぶ。解答は下の「ANSWERS」に示されている。

　以上をひとことで言うと、左のページは英単語マップ、右のページはすべての単語の書き込み練習ページということになる。

2　本書の賢い使い方

→ 時間のある方

　「はじめに」の中で私は、「この本は、好奇心と思考力を使って読んでほしい。そのためには、行儀よく上から1行ずつ読む単語集とはまったく異なる読み方が必要だ」と述べた。私がお勧めする本書の賢い使い方は、以下の通りである。

❶ まず、左ページ下の「説明」を読み、私がどのように意味を分析したかを大づかみする。分類は大枠から攻めるのが常道である。たとえば、先ほどの「道」の場合なら、大きく2つの意味系統に分かれることを確認する。

❷ さらに、1番目の意味系統が「道路→進路→距離・道のり」と発展していくことをチャートで確認する。あわてて英単語に飛びつかないことだ。ここはじわじわ進めてほしい。

❸ 最後に、「道路」の場合なら road, way, street, path などの具体的な英単語を順に見ていく。

❹ この順で、波状的に左ページを見終わったら、右ページの穴埋めを書き込んでいく。たとえば、

この道に沿って行く　go along this (r　　　　　)

のように頭文字が入れてあるので、そんなに難しくはないと思う。迷ったら、左ページを見ればどういう単語が入るかすぐにわかる。このように、最後は自分の手で穴埋めを書き入れていくことによって、覚えた知識の確認ができる。

→ 時間のない方

❶ まず、右ページの穴埋め問題に果敢に挑戦してみる。

❷ 頭文字を見てもどんな単語が入るか皆目わからない場合は、左ページの該当箇所で確認して書き入れる。その際、わからなかった単語は、左ページに「✓」でチェックのマークを入れておく。

❸最後に、左ページの下の「説明」を読み、上のチャートを見る。特にチェックの入った単語には注意する。
❹時間がとれた時に、チェックの入った単語を中心にして、左ページを繰り返し見て頭に入れていく。

　以上の2通りの読み方を私は想定しているが、まず最初の3見開きくらいは、ぜひ1番目の読み方を試していただきたい。

　何度も言うように、この本は「好奇心と思考力を使って」読んでほしい。私が「かける」という言葉で疑問に思ったように、あなたが疑問に思う言葉を選んで、その見開きから読んでいってもかまわない。要するに、あなたの好奇心をいちばん満足させるやり方で読んでほしい、というのが著者の願いである。

　私自身は、本をよく後ろから読む。なぜかわからないが、そのほうが力まずに読めるからだ。この方法で何冊も辞書を読破した。だから、前から読むことに飽きている読者は最後の「道」から逆に読んでも全然かまわない。名詞から入るほうが内容的にはとっつきやすい。

　この本は、わかりやすく言えば、「この指とまれ」で寄ってきた単語をマップ化した本だ。楽しみながら読んでいただきたい。時間のない方も、右ページの穴埋めの書き込みだけは実行してほしい。この本を読んだという足跡を、そんな形で残してほしいのだ。「はじめに」でも言った通り、本書は、つまるところ英単語の「書き込み練習帳」である。本当に時間のない人は、解答を書き込んでいくだけでも著しい効果がある。

3 注意点

　実際に読む前に、いくつか注意点をお伝えしておく。

❶ 品詞表示について

　本書の見出しはすべて日本語である。だから、Part 1「動詞編」、Part 2「形容詞編」、Part 3「名詞編」、というのは、日本語の品詞である。中身の英単語も原則はそれに従うが、中には例外もある。そのような場合のみ、原則として品詞表示を入れておいた。

　たとえば、「切れる」（74ページ）の中の sharp, keen, clear-headed には語義の前に 形 の表示が入れてある。見出しの「切れる」は動詞だが、これらの単語は形

容詞であることを示している。

❷解答の下線について

　解答の一部に下線がついているのは、左ページの見出し単語と語形が変わっていることを示す。

　たとえば、「消える」の解答（71ページ）では、すべての解答に下線が引かれている。これは、たとえば左ページでdieと出ている単語が、穴埋めではdiedと語形変化していることを示している。下線の引いてある解答は、答え合わせの時に注意されたい。

　ただし、左ページですでに be puzzled のように過去分詞で示されているような場合には、解答に下線を引いていない。左ページの形のままでOKだからである。また、文頭にあるため頭文字が大文字になる場合なども下線は引いていない。

　以上が本書を読む際の注意点である。巻末にはすべての単語の索引が用意されているので、活用されたい。

　最後に、この新機軸の単語集を編むにあたり、制作段階でお手伝いいただいた久世統子さんと山口晴代さん、日本語とつき合わせながら丹念に内容チェックをしてくれたエリック・ラトレッジさん、前著『ネイティブの小学生なら誰でも知っている英単語10000語チェックブック』に引き続き本書の編集を担当してくださったダイヤモンド社の加藤貞顕さんに深く感謝の意を表したい。

　本書を編むにあたって、私は手元にある15冊ほどの『和英辞典』を細かく分析した。その中で、『ジーニアス和英辞典』（大修館）と『ラーナーズプログレッシブ和英辞典』（小学館）の２冊は、本書の意味系統の分析に最も寄与した辞書である。先人の洞察に敬意を払い、感謝の意を表したいと思う。

　――最後に。この本の本質は、すでに言ったように「この指とまれ」である。だから、勉強というより遊びの一種として楽しみながら読んでいただきたい。子供の頃、眉間にしわを寄せて「この指とまれ」をした人はいないはず。ならば、この本もリラックスして好きなところから、好きな方法でお読みいただきたい。そうすれば、通常の単語集では見ることのできない「英単語の素顔」に触れることができるだろう。

2008年３月　　　晴山陽一

目次

はじめに………………………… 3
この本の構成と賢い使い方………… 5

1 動詞編

1. 合う …………………… 20
   - ❶ぴったり合う
   - ❷調和する
   - ❸意見が合う
   - ❹体質・好みに合う
   - ❺ふさわしい・適している
2. 上げる ………………… 22
   - ❶高くする
   - ❷進歩する
   - ❸値を上げる
   - ❹増加させる
   - ❺利益を上げる
   - ❻声を上げる
3. 当たる ………………… 24
   - ❶衝突する
   - ❷雨・風が当たる
   - ❸くじなどに当たる
   - ❹うまくいく
   - ❺相当する
   - ❻立ち向かう
4. 扱う …………………… 26
   - ❶処理する
   - ❷操作する
   - ❸遇する
   - ❹売買する
5. 合わせる ……………… 28
   - ❶結合する
   - ❷合計する
   - ❸適合させる
   - ❹正しくする
   - ❺照合する
6. 言う …………………… 30
   - ❶発言する
   - ❷言及する
   - ❸表現する
   - ❹主張する
   - ❺命令する
   - ❻提案する
   - ❼意味する
7. 行く …………………… 32
   - ❶向かう
   - ❷目的地へ行く
   - ❸着く
   - ❹踏破する
   - ❺通う
8. 入れる ………………… 34
   - ❶入れ物などに入れる
   - ❷挿入する
   - ❸組織・団体などに入れる
   - ❹含める
   - ❺導入する
   - ❻要求・意見などを受け入れる
   - ❼電源などを入れる
9. 受ける ………………… 36
   - ❶受け止める

- ❷被る
- ❸感じる
- ❹得る
- ❺応じる
10. 動かす …………… 38
- ❶移動させる
- ❷動きを起こさせる
- ❸機械を運転する
- ❹人の心を動かす
11. 打つ ……………… 40
- ❶たたく
- ❷打ち込む
- ❸雨・波などが打つ
- ❹心臓・脈が打つ
- ❺印をつける
- ❻電報を送る
- ❼心を打つ
12. 描く ……………… 42
- ❶絵・図・形を描く
- ❷描写する・表現する
- ❸心に思い描く
13. 応じる …………… 44
- ❶答える
- ❷必要・需要などを満たす
- ❸適合する
- ❹受け入れる
14. 置く ……………… 46
- ❶据える・設置する
- ❷間を空ける
- ❸あとに残す
- ❹ある状態にとどめる
- ❺設ける
- ❻任命する
- ❼拠り所を置く
15. 送る ……………… 48
- ❶物を発送する
- ❷派遣する・追いやる
- ❸見送る
- ❹時を過ごす
16. 起こす …………… 50
- ❶立てる
- ❷始める
- ❸引き起こす
- ❹生じさせる
- ❺目を覚まさせる
17. 落ち着く・落ち着かせる … 52
- ❶気持ちが静まる
- ❷物事が安定する
- ❸結論などに到達する
- ❹住居・職業などが定まる
18. 落ちる …………… 54
- ❶落下する
- ❷月・太陽が沈む
- ❸衰える・低下する
- ❹試験などに失敗する
- ❺汚れなどが取れる
19. 落とす …………… 56
- ❶落下させる
- ❷なくす
- ❸減少・低下させる
- ❹不合格にさせる
- ❺取り除く
- ❻抜かす
20. 思う ……………… 58
- ❶感じる
- ❷考える

- ❸不審に思う
- ❹意図する
- ❺願う・望む
- ❻予想する・推測する
- ❼回想する

21. 降りる ················ 60
    - ❶下に移る
    - ❷乗り物などから降りる
    - ❸霜などが降りる

22. かかる ················ 62
    - ❶ぶら下がっている
    - ❷降りかかる
    - ❸鍵などがかかる
    - ❹捕らえられる
    - ❺橋・虹などがかかる
    - ❻作動する
    - ❼要する
    - ❽依存する

23. かける ················ 64
    - ❶つるす・ぶら下げる
    - ❷かぶせる
    - ❸座る
    - ❹作動させる
    - ❺費やす
    - ❻会議などにはかる
    - ❼心に留める
    - ❽掛け算する

24. 傾く ················ 66
    - ❶傾斜する
    - ❷傾向を帯びる
    - ❸月や太陽が沈む
    - ❹衰える

25. 考える ················ 68
    - ❶思考する
    - ❷判断する
    - ❸意図する
    - ❹予期する・予想する
    - ❺回顧する

26. 消える ················ 70
    - ❶消滅する
    - ❷視界から見えなくなる
    - ❸火・光などが消える
    - ❹記憶・痛みなどがなくなる

27. 切る ················ 72
    - ❶切断する
    - ❷傷つける
    - ❸取り除く
    - ❹終わりにする
    - ❺関係を絶つ

28. 切れる ················ 74
    - ❶切断される
    - ❷効力がなくなる
    - ❸尽きる
    - ❹鋭い
    - ❺有能である

29. 来る ················ 76
    - ❶やってくる
    - ❷来訪する
    - ❸取って来る
    - ❹巡り来る

30. 加える ················ 78
    - ❶合わせる
    - ❷足す
    - ❸増す
    - ❹仲間に入れる

- ❺ 与える
- 31. 消す ……………… 80
  - ❶ 消火する
  - ❷ 電気・テレビなどを消す
  - ❸ 除去する・消去する
  - ❹ 姿・音を消す
  - ❺ 殺す
- 32. 困る ……………… 82
  - ❶ 難儀する
  - ❷ 困惑する
  - ❸ 困窮する
- 33. 下がる ……………… 84
  - ❶ 位置が低くなる
  - ❷ ぶら下がる
  - ❸ 後退する
  - ❹ 程度・数値が低くなる
- 34. 耐える ……………… 86
  - ❶ 我慢する
  - ❷ 持ちこたえる
  - ❸ 値する
- 35. 出す ……………… 88
  - ❶ 内から外へ出す
  - ❷ 発生させる
  - ❸ 公表する
  - ❹ 送る
  - ❺ 提出する
  - ❻ 提供する
- 36. 断つ ……………… 90
  - ❶ 終わらせる
  - ❷ 断念する
  - ❸ 生命を奪う
  - ❹ 断絶する
  - ❺ さえぎる
- 37. 達する ……………… 92
  - ❶ 至る
  - ❷ 数量が及ぶ
  - ❸ 達成する
- 38. 立てる ……………… 94
  - ❶ まっすぐに立てる
  - ❷ 設定する
  - ❸ 生計を立てる
  - ❹ 権威を保たせる
  - ❺ 声や音などを立てる・生じさせる
- 39. 注意する ……………… 96
  - ❶ 神経を集中する
  - ❷ 警戒する
  - ❸ 忠告する
- 40. 通じる ……………… 98
  - ❶ 道などがつながる
  - ❷ 電話などが通じる
  - ❸ 理解される
  - ❹ 精通する
- 41. 使う ……………… 100
  - ❶ 道具などを使用する
  - ❷ 交通手段などを利用する
  - ❸ 人を使う
  - ❹ 頭などを使う
  - ❺ 消費する
- 42. つかむ ……………… 102
  - ❶ 握る
  - ❷ 手に入れる
  - ❸ 理解する
- 43. つく ……………… 104
  - ❶ 付着する
  - ❷ 備わる
  - ❸ 獲得する

❹付き添う
❺味方になる
❻費用がかかる
❼点灯する
44. 作る ……………………… 106
❶製造する・生産する
❷建造する
❸栽培する
❹調理する
❺組織する
❻時間や機会を見つける
❼財産や資金を作る
45. つける ……………………… 108
❶取り付ける
❷くっつける
❸尾行する
❹記入する
❺決める
❻作動させる
❼習得する・獲得する
46. 伝える ……………………… 110
❶知らせる
❷伝承する
❸伝導する
47. 続く ……………………… 112
❶継続する
❷続いて起きる
❸あとに従う
❹並ぶ
❺通じる
48. 詰める ……………………… 114
❶詰めてふさぐ
❷押し込む

❸間を狭める
❹短くする
❺チェスで詰める
49. できる ……………………… 116
❶可能である
❷成績がよい
❸完成する
❹作られる
❺生じる
50. 出る ……………………… 118
❶外へ出る
❷突き出る
❸流れ出る
❹出発する
❺由来する
❻卒業する
❼出席する・姿を現す
51. 通す ……………………… 120
❶通過させる
❷案内する
❸貫く・〜し続ける
❹光・熱・水などを通す
❺貫通する
52. 通る ……………………… 122
❶通過する
❷突き抜ける
❸合格する
❹通用する
❺一貫する
53. 解く ……………………… 124
❶ほどく
❷解除する
❸答えを出す

❹ わだかまりをなくす
54. 整える（調える） …………… 126
　❶ 用意する
　❷ 調達する
　❸ きちんとする
　❹ 調整する
　❺ まとめる
55. 止める …………………… 128
　❶ 停止させる
　❷ 止血する
　❸ 制止する
　❹ 固定する
　❺ 心に留める
56. 取り上げる ………………… 130
　❶ 手に取る
　❷ 出産を助ける
　❸ 考慮する・採用する
　❹ 奪う
57. 取る ………………………… 132
　❶ 手に持つ
　❷ 得る・捕獲する
　❸ 記録する・写真を撮る
　❹ 予約する
　❺ 除去する
　❻ 奪う
　❼ 必要とする
58. 直す（治す） ……………… 134
　❶ 修理する
　❷ 訂正する
　❸ 治療する
　❹ 整える
　❺ 翻訳する

59. 抜く ………………………… 136
　❶ 引き抜く
　❷ 取り除く
　❸ 省く
　❹ 追い抜く
60. 伸ばす（延ばす） ………… 138
　❶ 長くする
　❷ 平らにする・まっすぐにする
　❸ 薄く広げる
　❹ 延期する
　❺ 発達させる
61. 上る ………………………… 140
　❶ 高いところへ行く
　❷ 月・太陽が昇る
　❸ 数量が達する
　❹ 取り上げられる
　❺ 血が上る
62. 入る ………………………… 142
　❶ 外から中に入る
　❷ 含む・収容する
　❸ 手に入る
　❹ 加入・参加する
　❺ 間に入る
　❻ 目や耳に入る
63. 張る ………………………… 144
　❶ 広がる
　❷ 覆う
　❸ ぴんと張る
　❹ 主張する
　❺ 値段が高い
64. 引く ………………………… 146
　❶ 引っ張る
　❷ 線などを引く

❸導く
❹水道・電話などを引く
❺注意などを引く
❻差し引く
❼辞書を引く
65. 開く ……………………… 148
❶開ける
❷広くなる
❸咲く
❹心を開く
❺始まる・始める
❻開催する
❼開拓する
66. ふさぐ ……………………… 150
❶閉じる
❷さえぎる
❸場所をとる
❹気分が滅入る
67. 守る（護る）……………… 152
❶保護する
❷維持する
❸遵守する・従う
68. 回る ……………………… 154
❶回転する
❷巡回する
❸迂回する
❹角などを曲がる
69. 認める ……………………… 156
❶認識する
❷目に留める
❸評価する
❹許可する

70. 見る ……………………… 158
❶目で見る
❷見物する
❸調べる
❹判断する
❺世話をする
71. 向く ……………………… 160
❶向きを変える
❷面する
❸運命などが向く
❹適合する
72. 結ぶ ……………………… 162
❶結わえる・縛る
❷連結する
❸関係を結ぶ
❹結実する
❺締めくくる
73. 持つ ……………………… 164
❶持っている
❷所持する
❸所有する
❹心に抱く
❺負担する
❻持ちこたえる
74. 破る（敗る）……………… 166
❶引き裂く
❷壊す
❸反する
❹負かす
❺改める
75. 渡す ……………………… 168
❶手渡す
❷かける

❸ 向こう側に送る
❹ 譲る

[コラム]
動詞 <raise> のネットワーク …… 170

2　形容詞編

1. 明るい ………………… 172
   ❶ 光が多い
   ❷ 鮮明な
   ❸ 快活な
   ❹ 前途が明るい
   ❺ よく知っている
2. 大きい ………………… 174
   ❶ 形・面積が大きい
   ❷ 程度などが大きい
   ❸ 音量が大きい
   ❹ 数量が多い
3. かたい ………………… 176
   ❶ 物が硬い
   ❷ 態度などが堅固な・頑固な
   ❸ ぎこちない・緊張した
   ❹ まじめな
   ❺ 確実な
4. きつい ………………… 178
   ❶ 窮屈な
   ❷ 厳しい
   ❸ 性格が厳しい
   ❹ 強烈な
5. きれいな ……………… 180
   ❶ 美しい
   ❷ 清潔な
   ❸ 清廉な
6. 鋭い …………………… 182
   ❶ 刃物などがとがっている
   ❷ 激しい・厳しい
   ❸ 頭・感覚などが優れた
7. 高い …………………… 184
   ❶ 位置が上のほうにある
   ❷ 高音の
   ❸ 水準・程度が高い
   ❹ 身分・地位などが上位である
   ❺ 高価である
8. 小さい ………………… 186
   ❶ 形が小さい
   ❷ 数量・程度が下回っている
   ❸ 音量が小さい
   ❹ 年齢が低い
   ❺ 重要でない
9. 遠い …………………… 188
   ❶ 距離が離れている
   ❷ 関係が薄い
   ❸ 時間が隔たっている
10. ひどい ……………… 190
    ❶ 激しい
    ❷ 悪い
    ❸ 悲惨な
11. 広い ………………… 192
    ❶ 面積・空間などが広い
    ❷ 範囲が広い
    ❸ 心が広い
12. 深い ………………… 194
    ❶ 奥や底までの距離が長い
    ❷ 色・密度が濃い
    ❸ 深遠な

❹程度が深い
❺親密な
13. ぼんやりした ……………… 196
　❶はっきりしない
　❷放心して
　❸不注意な
　❹気が利かない
　❺何もしない
14. よい …………………… 198
　❶優れている
　❷好ましい
　❸正しい・効果がある
　❹十分な
　❺〜していい（許可）
　❻〜したほうがいい（助言）
15. 立派な ………………… 200
　❶堂々とした・見事な
　❷尊敬に値する
　❸正当な・十分な
16. 悪い …………………… 202
　❶正しくない
　❷好ましくない
　❸悪意のある
　❹質・程度が劣った
　❺有害な
　❻具合が悪い

［コラム］
あなたも『逆単』しよう！ ……… 204

3　名詞編

1. 運動 …………………… 206
　❶体を動かすこと
　❷物体の移動
　❸働きかけること
2. 型、形 ………………… 208
　❶形状
　❷様式・種類
　❸原型
　❹抵当
3. 考え …………………… 210
　❶思考
　❷思いつき
　❸意見
　❹意図
　❺予想
4. 傷 ……………………… 212
　❶負傷
　❷品物の傷
　❸心の傷
　❹欠点
5. 言葉 …………………… 214
　❶言語
　❷語句・言葉遣い
　❸表現
　❹発言
6. 力 ……………………… 216
　❶物を動かす力
　❷気力・体力
　❸能力・実力
　❹権力
　❺助力

7. 場所 …………………… 218
　❶所
　❷位置
　❸席
　❹空間
　❺相撲の興行期間

8. 話 ……………………… 220
　❶会話
　❷うわさ
　❸物語
　❹話の内容
　❺話題

9. 道 ……………………… 222
　❶道路
　❷進路
　❸距離・道のり
　❹方法・手段
　❺方面・分野

索引……………………… 224

Part 1
動詞編

合う

1 ぴったり合う
- fit （サイズが）合う
- shape （体型に）合うようにする
- close 形（大きさが）ぴったり合った
- snug 形（衣服が）ぴったり合った

2 調和する
- correspond to 符合する
- go with 似合う
- match 調和する
- suit （色などが）似合う

3 意見が合う
- agree with 意見が一致する

4 体質・好みに合う
- agree with （体質に）合う
- suit 適する
- like （体に）合う
- agreeable 形（好みに）合う
- congenial 形 気心の合う

5 ふさわしい・適している
- fit ふさわしい

動詞は「合う」という事実を、形容詞は「合っている」という状態を表す。形容詞は、close, snug, agreeable, congenial の4単語。それ以外はすべて動詞である。

YOUR TURN!

1 ぴったり合う
そのシャツは私に合わない。　The shirt doesn't (f　　　　　) me.
洋服を体に合わせる　(s　　　　　) the dress to the figure
このスーツはぴったり合う。　This suit is a (c　　　　　) fit.
体にぴったりの上着　a (s　　　　　) coat

2 調和する
雰囲気に合う　(c　　　　　) to the atmosphere
このスーツに合う　(g　　　　　) with this suit
部屋に合っている　(m　　　　　) the room
ネイビーブルーは私に似合わない。　Navy blue doesn't (s　　　　　) me.

3 意見が合う
私は彼らに賛成だ。　I (a　　　　　) with them.

4 体質・好みに合う
卵は彼の体質に合わない。　Eggs don't (a　　　　　) with him.
好みに合う　(s　　　　　) one's taste
酒は私の体質に合わない。　Sake doesn't (l　　　　　) me.
希望通りの部屋　a room (a　　　　　) to one's wishes
気の合う同僚　(c　　　　　) colleagues

5 ふさわしい・適している
年齢にふさわしい　(f　　　　　) one's age

ANSWERS

❶ fit, shape, close, snug　❷ correspond, go, match, suit　❸ agree　❹ agree, suit, like, agreeable, congenial　❺ fit

上げる

1 高くする
- raise （物を）上方へ上げる
- lift 持ち上げる

2 進歩する
- step up 促進する
- level up 水準を上げる
- elevate 地位を高める

3 値を上げる
- raise （料金などを）高くする
- up （価格などを）上げる
- boost （価格などを）つり上げる

4 増加させる
- raise （程度を）高める
- increase （数や量を）大きくする

5 利益を上げる
- profit （金銭上の）利益を得る
- benefit 利益を得る
- make a profit もうける

6 声を上げる
- cry 叫ぶ
- raise 張り上げる
- roar どなる
- scream 悲鳴を上げる
- shriek 金切り声を上げる
- yell 鋭く叫ぶ

「上げる」を意味する言葉は、当然ながらすべて動詞である。物理的に位置を上げるのがraiseとlift。それ以外は「地位を上げる・値を上げる・利益を上げる」など抽象的に引き上げる場合。

YOUR TURN!

1 高くする
手を上げる　(r　　　　　) one's hand
箱を持ち上げる　(l　　　　　) a box

2 進歩する
販売を促進する　(s　　　　　) up sales
英語のスキルを上げる　(l　　　　　) up one's English skills
部長に昇進する　be (e　　　　　) to the manager

3 値を上げる
給料を上げる　(r　　　　　) one's salary
消費税を上げる　(u　　　　　) the consumption tax
石油株をつり上げる　(b　　　　　) oil shares

4 増加させる
政治意識を高める　(r　　　　　) political consciousness
防衛予算を増やす　(i　　　　　) the defense budget

5 利益を上げる
不動産を売って利益を上げる　(p　　　　　) from selling one's real estate
天然資源で利益を得る　(b　　　　　) from natural resources
ほとんど利益がない　make little (p　　　　　)

6 声を上げる
私は大声で叫んだ。 I (c　　　　　) loudly.
歓声を上げる　(r　　　　　) cheers
息子にどなり声を上げる　(r　　　　　) at one's son
驚いて悲鳴を上げる　(s　　　　　) in astonishment
苦痛で金切り声を上げる　(s　　　　　) with pain
助けを求めて叫ぶ　(y　　　　　) for help

ANSWERS

❶ raise, lift　❷ step, level, <u>elevated</u>　❸ raise, up, boost　❹ raise, increase
❺ profit, benefit, profit　❻ <u>cried</u>, raise, roar, scream, shriek, yell

023

当たる

1 衝突する
- **hit** （ねらって）打つ
- **catch** 命中する
- **get** （弾丸などが）人に当たる
- **bump** ドシンとぶつかる
- **strike** 突き当たる

2 雨・風が当たる
- **breathe** 外気に当たる
- **beat** （雨風などが）打ちつける
- **windy** 形 風を受ける

3 くじなどに当たる
- **win** （くじなどに）当たる

4 うまくいく
- **make a hit** （商売などが）うまくいく

5 相当する
- **fall** （休日などが）〜に当たる（かち合う）
- **be equivalent to** （価値・量などが）相当する
- **be equal to** 等しい
- **correspond to** （物が）相当する

6 立ち向かう
- **confront** （困難などに）立ち向かう
- **face up to** （困難などに）大胆に立ち向かう

「相当する、等しい」を意味するequivalentとequalは形容詞。ただし、equalは動詞としても用いられ、Two and four equal(s) six.（2＋4＝6）のように使われる。

YOUR TURN!

1 衝突する

ボールを打つ　(h　　　　　) a ball
額に命中する　(c　　　　　) one's forehead
弾丸は彼の脚に当たった。　The bullet (g　　　　　) him in the leg.
電柱にぶつかる　(b　　　　　) against a telephone pole
氷山に衝突する　(s　　　　　) an iceberg

2 雨・風が当たる

ワインを外気に当てる　let the wine (b　　　　　)
（雨が）窓に打ちつける　(b　　　　　) against the windows
風のよく当たる入り江　a (w　　　　　) cove

3 くじなどに当たる

1等が当たる　(w　　　　　) the first prize

4 うまくいく

彼の商売は大当たりした。　His business made a (h　　　　　).

5 相当する

私の誕生日は日曜日に当たる。　My birthday (f　　　　　) on Sunday.
1ドルに相当する　be (e　　　　　) to one dollar
10に等しい　be (e　　　　　) to 10
人間の目に相当する　(c　　　　　) to the eyes of a man

6 立ち向かう

困難に立ち向かう　(c　　　　　) difficulties
危険に立ち向かう　(f　　　　　) up to danger

ANSWERS

❶ hit, catch, got, bump, strike　❷ breathe, beat, windy　❸ win　❹ hit　❺ falls, equivalent, equal, correspond　❻ confront, face

025

CHART 004

扱う

1 処理する
- **deal with** （問題・事件などを）扱う
- **cover** （範囲・問題などを）含む
- **touch** （問題などに）言及する
- **treat** （ある仕方で）扱う
- **manage** （扱いにくい物事を）うまく扱う
- **handle** （問題を）処理する
- **trifle with** いいかげんに扱う

2 操作する
- **handle** （道具などを）使う
- **operate** （機械などを）操作する

3 遇する
- **treat** （ある仕方で）待遇する
- **manage** （扱いにくい人を）うまく扱う
- **deal with** （ある態度で）ふるまう
- **use** あしらう

4 売買する
- **handle** （品物を）売買する
- **specialize** （店などが）専門に扱う
- **deal in** （商品を）扱う

---

deal with は「問題などを扱う」、deal in は「商品を扱う」。deal with には「人に対してふるまう」という意味もあるが、これもたとえば「人をある態度で扱う」と考えれば理解できる。

YOUR TURN!

1 処理する

殺人事件を扱う　(d　　　　　) with a case of murder
多くの話題を含む　(c　　　　　) a lot of topics
問題の核心に触れる　(t　　　　　) the core of the problem
人の言葉を重要視する　(t　　　　　) a person's words as important
心配事をすべてうまく処理する　(m　　　　　) all troubles
困難を処理する　(h　　　　　) the difficulties
人の親切をもてあそぶ　(t　　　　　) with a person's kindness

2 操作する

スチールカメラを扱う　(h　　　　　) a still camera
コンピューターを操作する　(o　　　　　) a computer

3 遇する

人を丁重に扱う　(t　　　　　) a person respectfully
幼い子供たちをうまく扱う　(m　　　　　) little children
患者に対して不親切にふるまう　(d　　　　　) unkindly with the patients
ひどくあしらわれる　be badly (u　　　　　)

4 売買する

輸入品を扱う　(h　　　　　) imports
コンピューターを専門に扱う　(s　　　　　) in computers
スポーツ用品を扱う　(d　　　　　) in sporting goods

ANSWERS

❶ deal, cover, touch, treat, manage, handle, trifle　❷ handle, operate　❸ treat, manage, deal, <u>used</u>　❹ handle, specialize, deal

CHART 005

合わせる

1 結合する
- **put ~ together** 〜を寄せ集める
- **join** （別個の物を）つなぐ
- **combine** （2つ以上の物を融合して）1つにする

2 合計する
- **put ~ together** 〜を合計する
- **work out** 合わせて〜になる
- **add** 加える
- **total** （数字を）合計する

3 適合させる
- **fit** 合致させる
- **adapt** 適応させる
- **suit** （物事に）適合させる
- **size** 大きさに合わせて作る

4 正しくする
- **adjust** （調整して）適切にする
- **set** 調整する
- **tune** （テレビ・ラジオのチャンネルなどを）合わせる
- **focus** （カメラなどの）焦点を合わせる

5 照合する
- **check** 照らし合わせる

「合わせる」には2つの意味系統がある。すなわち、「2つのものを合わせて1つにする場合（結合する・合計する）」と「一方を他方に合わせる場合（合致させる・適合させる）」である。

YOUR TURN!

1 結合する
考えをまとめる　(p　　　　) one's ideas together
2つのコードをつなぐ　(j　　　　) two cords
それらの意見を合わせる　(c　　　　) those opinions

2 合計する
預金を合計する　(p　　　　) one's deposits together
合わせて100になる　(w　　　　) out to 100
5に3を加える　(a　　　　) 3 to 5
すべての数を合計する　(t　　　　) all numbers

3 適合させる
いすの高さをテーブルに合わせる　(f　　　　) the chair to the table
規則を必要性に適合させる　(a　　　　) the rules to the needs
計画を場合に合わせる　(s　　　　) one's plan to the occasion
彼に合わせて作られた靴　shoes (s　　　　) for him

4 正しくする
服装を整える　(a　　　　) one's clothing
時計を調整する　(s　　　　) one's watch
テレビをNHKに合わせる　(t　　　　) the TV to NHK
カメラの焦点を花に合わせる　(f　　　　) the camera on the flower

5 照合する
数字を表と照らし合わせる　(c　　　　) the figures against the list

ANSWERS

❶ put, join, combine　❷ put, work, add, total　❸ fit, adapt, suit, <u>sized</u>　❹ adjust, set, tune, focus　❺ check

言う

1 発言する
- say （言葉を）言う
- speak （一方的に）話す
- talk 話し合う
- remark （所見として）述べる
- state 正式・明確に述べる

2 言及する
- mention （ちょっと）触れる
- refer to （直接）言及する

3 表現する
- express （気持ちなどを）表明する
- describe 言葉で言い表す

4 主張する
- insist (on) 言い張る
- assert （確信を持って）断言する
- claim 断言する

5 命令する
- tell （強く）言う
- ask 頼む
- order （権威を持つ者が）命令する
- advise 忠告する

6 提案する
- suggest (that) （〜してはどうかと）言う

7 意味する
- mean 〜という意味で言う

基本となる4単語について。sayは文字で「言う（書く）」場合も含む。speakは「声に出す」こと。talkは「誰かと会話をする」こと。tellは相手に向かって「ある内容を確実に伝える」こと。

YOUR TURN!

1 発言する
- 一言も言わない　(s　　　　　) no words
- 大きな声で話す　(s　　　　　) loudly
- 友達と話をする　(t　　　　　) to one's friend
- 遠慮がちに言う　(r　　　　　) modestly
- 決定を表明する　(s　　　　　) one's decision

2 言及する
- 自分の考えについて述べる　(m　　　　　) one's thought
- 理由について言及する　(r　　　　　) to reasons

3 表現する
- 謝意を表す　(e　　　　　) one's apology
- 感謝の気持ちを言葉で述べる　(d　　　　　) one's gratitude

4 主張する
- そこに留まると言い張る　(i　　　　　) on staying there
- 知らないと断言する　(a　　　　　) one's ignorance
- 無罪だと断言する　(c　　　　　) innocence

5 命令する
- 人に行くように言う　(t　　　　　) a person to go
- 人に助けを頼む　(a　　　　　) a person for help
- 人に立ち上がるように命令する　(o　　　　　) a person to stand up
- 人に医者に行くよう忠告する　(a　　　　　) a person to see a doctor

6 提案する
- もう出発してはどうかと言う　(s　　　　　) that we start now

7 意味する
- 感謝のつもりで言ったんだ。　I (m　　　　　) it as thanks.

ANSWERS
① say, speak, talk, remark, state　② mention, refer　③ express, describe　④ insist, assert, claim　⑤ tell, ask, order, advise　⑥ suggest　⑦ meant

行く

1 向かう
- **go** （話し手から離れて）行く
- **leave** （場所を）去る
- **take** （道などを）選んで進む
- **travel** 移動する
- **accompany** 同行する
- **fly** 飛行機で行く
- **run** 急いで行く
- **ride** （乗り物などに）乗って行く
- **come** （相手のほうへ）行く

2 目的地へ行く
- **visit** 訪れる
- **come** やって来る

3 着く
- **get** （場所に）着く

4 踏破する
- **cover** （ある距離を）踏破する
- **go over** （近い所へ）行く

5 通う
- **commute** 通勤〔通学〕する
- **haunt** 入りびたる
- **frequent** 頻繁に行く
- **hang out** （目的もなく）うろつく

「目的地に向かうという行為」「目的地に着くという結果」に二分される。3番目の系統は頻度を加味した表現で「頻繁に通う」場合である。

YOUR TURN!

1 向かう

駅に行く　(g　　　　　) to the station
家を出る　(l　　　　　) one's home
別の道で行く　(t　　　　　) another way
200マイル移動する　(t　　　　　) 200 miles
教授に同行する　(a　　　　　) one's professor
飛行機でニューヨークに行く　(f　　　　　) to New York
会社に急ぐ　(r　　　　　) to the office
電車で仕事に行く　(r　　　　　) to work on the train
すぐに行きます。　I'll (c　　　　　) soon.

2 目的地へ行く

祖母を訪れる　(v　　　　　) one's grandmother
神戸に行きます。　I'm (c　　　　　) to Kobe.

3 着く

そこへの行き方を教えてください。　Tell me how to (g　　　　　) there.

4 踏破する

1日に30マイル行く　(c　　　　　) 30 miles a day
ベッドのところまで行く　(g　　　　　) over to one's bed

5 通う

バスで通勤する　(c　　　　　) by bus
人の家に入りびたる　(h　　　　　) a person's house
その店に頻繁に行く　(f　　　　　) the shop
公園をうろつく　(h　　　　　) out in the park

ANSWERS

❶ go, leave, take, travel, accompany, fly, run, ride, come　❷ visit, coming　❸ get
❹ cover, go　❺ commute, haunt, frequent, hang

入れる

1 入れ物などに入れる
- put ～ into ...　（物を）…に入れる
- get ～ into ...　（物を）…に入れる
- let ～ into ...　（人を）…へ通す

2 挿入する
- insert　差し込む
- interpose　間に置く

3 組織・団体などに入れる
- enlist　兵籍に入れる
- enter　（学校などに）入学させる
- recruit　（人を）新しく入れる
- send　（学校などに）行かせる

4 含める
- include　（全体の一部として）入れる
- count　勘定に入れる
- consider　考慮に入れる

5 導入する
- introduce　なかったものを加える

6 要求・意見などを受け入れる
- grant　（要求などを）聞き入れる
- accommodate　要望に応じる
- accept　容認する

7 電源などを入れる
- switch on　スイッチを入れる
- turn on　（明かり・テレビなどを）つける

1番目の意味系統は「ある境界内に入れる」という空間的な表現、2番目は「包含する・受容する」という場合である。2番目は「意識の範囲内に入れる」ということでもある。

YOUR TURN!

1 入れ物などに入れる

コーヒーに砂糖を入れる　(p　　　　　) sugar into coffee
バッグにカメラを入れる　(g　　　　　) the camera into one's bag
客を部屋に入れる　(l　　　　　) the guest into the room

2 挿入する

封筒に写真を入れる　(i　　　　　) a picture into an envelope
それらの間に板を置く　(i　　　　　) a board between them

3 組織・団体などに入れる

空軍に入る　be (e　　　　　) in an air force
息子を私学に入れる　(e　　　　　) one's son in private school
新しい秘書を採用する　(r　　　　　) a new secretary
息子を大学に行かせる　(s　　　　　) one's son to a university

4 含める

2人の女性を含む　(i　　　　　) two women
すべての本を数に入れる　(c　　　　　) all books
健康状態を考慮に入れる　(c　　　　　) one's health condition

5 導入する

新しい方法を取り入れる　(i　　　　　) new methods

6 要求・意見などを受け入れる

人の忠告を聞き入れる　(g　　　　　) a person's advice
人の提案に応じる　(a　　　　　) a person's suggestion
人の謝罪を受け入れる　(a　　　　　) a person's apology

7 電源などを入れる

コンピューターの電源を入れる　(s　　　　　) on a computer
明かりをつける　(t　　　　　) on the light

ANSWERS

❶ put, get, let　❷ insert, interpose　❸ <u>enlisted</u>, enter, recruit, send　❹ include, count, consider　❺ introduce　❻ grant, accommodate, accept　❼ switch, turn

受ける

1 受け止める
- receive （与えられた物を）受け取る
- catch （ボールなどを）受ける、つかむ

2 被る
- suffer （苦痛などを）受ける
- receive （ショックなどを）被る
- be shocked ショックを受ける
- get （損害・打撃などを）受ける
- have （苦痛などを）受ける
- meet with （賞賛・非難などを）受ける
- pay 罰を受ける
- go through （苦しみなどを）受ける

3 感じる
- feel （〜という感じを）受ける

4 得る
- receive （受動的に）もらう
- be blessed 恩恵を受ける

5 応じる
- undergo （診察・治療などを）受ける
- take （授業・試験などを）受ける
- have （治療・授業などを）受ける
- test （検査・試験を）受ける
- be convicted 判決を受ける

「受ける」と「受け入れる」の違いに注意する必要がある。「受け入れる」を意味するacceptは前項の「入れる」で扱っている。「受ける」には文字通り受動的な響きがある。

YOUR TURN!

1 受け止める
手紙を受け取る　(r　　　　) a letter
ボールを受ける　(c　　　　) a ball

2 被る
復讐を受ける　(s　　　　) a revenge
ショックを受ける　(r　　　　) a shock
ニュースを聞いてショックを受ける　be (s　　　　) at the news
ダメージを受ける　(g　　　　) damage
苦痛を受ける　(h　　　　) suffering
不当な非難を受ける　(m　　　　) with unfair criticism
過ちのために大きな報いを受ける　(p　　　　) heavily for one's mistake
苦痛を味わう　(g　　　　) through hardships

3 感じる
私はそれを面白いと感じた。　I (f　　　　) it interesting.

4 得る
100万円を受け取る　(r　　　　) one million yen
美しさに恵まれている　be (b　　　　) with beauty

5 応じる
健康診断を受ける　(u　　　　) a medical examination
数学の試験を受ける　(t　　　　) a math examination
今日は授業がない　(h　　　　) no classes today
英語の試験を受ける　(t　　　　) in English
窃盗罪の判決を受ける　be (c　　　　) of theft

ANSWERS

❶ receive, catch　❷ suffer, receive, shocked, get, have, meet, pay, go　❸ <u>felt</u>
❹ receive, blessed　❺ undergo, take, have, test, convicted

動かす

1 移動させる
- **move** （場所・位置を）移す
- **remove** （場所から物を）取り除く
- **shift** （場所などを）変える
- **push** 押して動かす
- **pass** 動かす、通す

2 動きを起こさせる
- **move** 揺り動かす
- **shake** 振り動かす
- **swing** 揺り動かす

3 機械を運転する
- **work** （機械・道具などを）運転する
- **operate** （機械などを）操作する
- **run** （機械などを）操作する
- **start** （機械などを）始動させる

4 人の心を動かす
- **move** 感動させる
- **touch** （人の気持ちを）動かす
- **reach** 気持ちが伝わる
- **influence** （間接的な）影響を与える
- **sway** （意見などを）左右する

「物を物理的に移動させる場合」と「機械などを始動させる場合」と「心を動かす場合」の3系統で整理した。moveは物を動かす時にも人の心を動かす時にも使える。

YOUR TURN!

1 移動させる
いすを動かす　(m　　　　　) chairs
自転車をどける　(r　　　　　) bikes
テレビをテーブルの上に移動する　(s　　　　　) the TV onto the table
故障した車を押す　(p　　　　　) the broken-down car
針に糸を通す　(p　　　　　) the thread through the needle

2 動きを起こさせる
そよ風が葉を揺り動かしている。　The breeze is (m　　　　　) the leaves.
ビンを振る　(s　　　　　) a bottle
脚をぶらぶらさせる　(s　　　　　) one's legs

3 機械を運転する
コンピューターを動かす　(w　　　　　) a computer
印刷機を操作する　(o　　　　　) a printing machine
ブルドーザーを動かす　(r　　　　　) a bulldozer
エンジンを始動させる　(s　　　　　) the engine

4 人の心を動かす
人の言葉に感動する　be (m　　　　　) by a person's words
人の努力に感動する　be (t　　　　　) by a person's efforts
人の心を動かす　(r　　　　　) a person's heart
決定を左右する　(i　　　　　) the decision
聴衆の心を動かす　(s　　　　　) the audience

ANSWERS

❶ move, remove, shift, push, pass　❷ moving, shake, swing　❸ work, operate, run, start　❹ moved, touched, reach, influence, sway

打つ

1 たたく
- hit　（ねらって）打つ
- strike　一撃を加える
- beat　（続けざまに）打つ
- slap　（手のひらなどで）ぴしゃりと打つ
- knock　（音を立てて）たたく

2 打ち込む
- strike　（釘などを）打つ
- hammer　金槌で打つ
- nail　釘を打つ

3 雨・波などが打つ
- lap　（波が岸に）ひたひたと打ち寄せる
- whip　（雨などが）激しく打つ

4 心臓・脈が打つ
- beat　（心臓が）鼓動する
- pulsate　（心臓が）脈を打つ

5 印をつける
- dot　点を打つ
- punctuate　句読点を打つ

6 電報を送る
- send　発信する
- wire　電報を打つ
- telegraph　電報を打つ

7 心を打つ
- strike　（人に）印象を与える
- move　（人を）感動させる

「何かで打ってじかに衝撃を与える場合」と「印をつけたり発信する場合」と「心を打つ場合」の3系統で整理した。beatは「連続して打つ」場合に使う。

YOUR TURN!

1 たたく
ボールを打つ　（h　　　　　） a ball
人の頭を殴る　（s　　　　　） a person on the head
ドラムをたたく　（b　　　　　） a drum
顔をぴしゃりと打つ（s　　　　　） one's face
ドアをノックする　（k　　　　　） on the door

2 打ち込む
釘を打つ（s　　　　　） a nail
釘を金槌で打つ　（h　　　　　） nails
板を壁に釘で打ちつける　（n　　　　　） a board on the wall

3 雨・波などが打つ
海岸に打ち寄せる　（l　　　　　） the seashore
雨が窓に打ちつける。　The rain (w　　　　　) the windows.

4 心臓・脈が打つ
彼の心臓は鼓動していた。　His heart was (b　　　　　).
彼の心臓は再び脈を打ち始めた。　His heart began to (p　　　　　) again.

5 印をつける
線の間に点を打つ　（d　　　　　） between the lines
句読点を打つのを忘れる　forget to (p　　　　　)

6 電報を送る
メッセージを送る　（s　　　　　） a message
テストの結果を電報で送る　（w　　　　　） the result of the test
送金するように両親に電報を打つ　（t　　　　　） one's parents to send money

7 心を打つ
人の正直さに感銘を受ける　be (s　　　　　) by a person's honesty
人の熱心さに感動する　be (m　　　　　) by a person's eagerness

ANSWERS
❶ hit, strike, beat, slap, knock　❷ strike, hammer, nail　❸ lap, whips　❹ beating, pulsate　❺ dot, punctuate　❻ send, wire, telegraph　❼ struck, moved

描く

1 絵・図・形を描く

draw （線で絵を）描く
paint （絵の具で絵を）描く
depict （詳細に）描く
trace （図面などの）輪郭を描く
pencil 鉛筆で描く
outline 輪郭を描く
figure 絵に表す
portray （肖像などを）描く

2 描写する・表現する

show 示す
describe （言葉で）描写する
depict （絵や言葉で）描写する
portray （言葉で生き生きと）描写する
characterize （特徴などを）描く
represent （文章などで）表現する

3 心に思い描く

think 思い描く
image 想像する
picture （ありありと）心に描く
visualize （はっきり）心に思い浮かべる
fancy 空想する
imagine 想像する

---

drawはもともと「引く」という意味なので、「線を引く→線で描く」場合に用いられる。「心に思い描く場合」を2番目の意味グループとした。imageはimagineよりも堅い言葉。

YOUR TURN!

1 絵・図・形を描く

鳥の絵を描く　(d　　　　　) a picture of birds
りんごを描く　(p　　　　　) an apple
聖母マリアが壁に描かれている。
　The Virgin Mary is (d　　　　　) on the wall.
人物の輪郭を描く　(t　　　　　) the outline of a man
山のスケッチを鉛筆で描く　(p　　　　　) a sketch of the mountain
教会の輪郭を描く　(o　　　　　) the church
関係を図で表す　(f　　　　　) the relations
友人の肖像を描く　(p　　　　　) one's friend

2 描写する・表現する

その絵は彼の夢を描写している。The picture (s　　　　　) his dream.
彼女の美しさを言葉で描写する　(d　　　　　) her beauty
生涯を描く　(d　　　　　) one's life
航海を描く　(p　　　　　) one's voyage
違いを描く　(c　　　　　) the difference
願望を文章に書く　(r　　　　　) one's desire

3 心に思い描く

君の事を思っていた。　I was (t　　　　　) about you.
田園風景を想像する　(i　　　　　) rural scenery
未来を心に描く　(p　　　　　) one's future
ホームランを打つことを思い浮かべる
　(v　　　　　) oneself hitting a home run
彼と結婚することを空想する　(f　　　　　) oneself marrying him
人の気持ちを想像する　(i　　　　　) a person's thought

ANSWERS

❶ draw, paint, <u>depicted</u>, trace, pencil, outline, figure, portray　❷ <u>shows</u>, describe, depict, portray, characterize, represent　❸ <u>thinking</u>, image, picture, visualize, fancy, imagine

応じる

1 答える
- answer　（言葉・文書・動作で）返答する
- reply to　（特定の問いに言葉・文書で）回答する
- respond to　（言葉・動作で）反応する
- return　（返事などを）返す

2 必要・需要などを満たす
- meet　（希望・要求などに）応じる
- satisfy　満足させる
- fill　（需要・要求などを）満たす

3 適合する
- be appropriate to　ふさわしい

4 受け入れる
- accept　（申し出などを）受諾する
- agree to　同意する
- comply with　（要求・命令などに）従う
- consent to　（快く）承諾する
- take up　（申し出などを）受け入れる

「具体的に答える場合」が1番目のグループ、「需要などを満たす場合」が2番目、「申し出や命令に応じる場合」が3番目。「クレームに応じる」は「相手の要求を満たす」と考える。

YOUR TURN!

1 答える
迅速に返答する　(a　　　　　) quickly
問い合わせに回答する　(r　　　　　) to an inquiry
メールに返答する　(r　　　　　) to an e-mail
返事を返す　(r　　　　　) an answer

2 必要・需要などを満たす
人の要求に応じる　(m　　　　　) a person's demand
クレームに応じる　(s　　　　　) a complaint
注文に応じる　(f　　　　　) an order

3 適合する
年齢にふさわしい　be (a　　　　　) to one's age

4 受け入れる
申し出を受諾する　(a　　　　　) an offer
提案に同意する　(a　　　　　) to the suggestion
要求に従う　(c　　　　　) with the requirements
情報開示を承諾する　(c　　　　　) to the disclosure of one's information
計画を受け入れる　(t　　　　　) up the plan

ANSWERS

❶ answer, reply, respond, return　❷ meet, satisfy, fill　❸ appropriate　❹ accept, agree, comply, consent, take

置く

1 据える・設置する
- put　置く
- place　（特定の場所に）置く
- set　きちんと据える
- lay　横たえる
- locate　場所を定める
- stand　（物が）立っている

2 間を空ける
- space　間をおいて配置する

3 あとに残す
- leave　置いて立ち去る

4 ある状態にとどめる
- keep　（人を～の状態に）置く
- leave　～のままにしておく

5 設ける
- set up　（学校・組織・規則などを）設立する
- establish　（政府・学校・会社などを）設立する

6 任命する
- appoint　（役職に）つかせる
- post　（人を）配置する

7 拠り所を置く
- place　（信用・希望などを）置く
- base　基礎を置く
- ground　（根拠などを）置く

「置く」というのは、ある場所にある状態を作り出すことである。「物を置く場合」と「施設などを設置する場合」に分けて整理した。

YOUR TURN!

1 据える・設置する
机の上に本を置く　(p　　　　　) a book on the desk
床の上に置かれている　be (p　　　　　) on the floor
テレビの正面に椅子を据える　(s　　　　　) a chair in front of the TV
彼はベッドの上に横になった。　He (l　　　　　) himself on the bed.
首都の場所を定める　(l　　　　　) the capital
古い本棚が部屋に置いてあった。　An old bookshelf (s　　　　　) in the room.

2 間を空ける
10脚の椅子を間を置いて配置する　(s　　　　　) ten chairs

3 あとに残す
手荷物を置いていく　(l　　　　　) one's baggage

4 ある状態にとどめる
少年を立たせておく　(k　　　　　) the boy standing
仕事を放置しておく　(l　　　　　) one's work undone

5 設ける
委員会を設ける　(s　　　　　) up a committee
新政府を設立する　(e　　　　　) a new government

6 任命する
人を法定代理人にする　(a　　　　　) a person an attorney
人をニューヨークに配属する　(p　　　　　) a person to New York

7 拠り所を置く
人の言葉を信用する　(p　　　　　) confidence in a person's words
真実に基づいている　be (b　　　　　) on the truth
理論の根拠を経験に置く　(g　　　　　) one's theory on experience

ANSWERS

❶ put, <u>placed</u>, set, <u>laid</u>, locate, <u>stood</u>　❷ space　❸ leave　❹ keep, leave　❺ set, establish　❻ appoint, post　❼ place, <u>based</u>, ground

送る

1 物を発送する
- send　（物を）送る
- remit　送金する
- forward　転送する、発送する
- dispatch　（手紙・小包などを）発送する
- ship　（船・鉄道・飛行機などで荷物を）送る
- mail　郵送する

2 派遣する・追いやる
- dispatch　（使者などを）派遣する
- send　（人を）派遣する

3 見送る
- see　（人を）見送る
- walk　（人を）送って行く
- drive ～ back home　（人を）家まで車で送る

4 時を過ごす
- live　暮らす
- lead　生活を送る
- pass　（時を）過ごす
- spend　（特定の目的を持って）過ごす

「物を送る場合」と「人を見送る場合」と「時を過ごす（生活を送る）場合」の3系統で整理した。「人を派遣する場合」は「物を送る」の延長で理解できるはずである。

YOUR TURN!

1 物を発送する

クリスマスプレゼントを送る　(s　　　　　) a Christmas present
人に送金する　(r　　　　　) money to a person
人に手紙を発送する　(f　　　　　) a letter to a person
注文リストを発送する　(d　　　　　) an order list
救援物資を送る　(s　　　　　) relief supplies
小包を送る　(m　　　　　) a package

2 派遣する・追いやる

調査員を派遣する　(d　　　　　) investigators
使者を送る　(s　　　　　) a messenger

3 見送る

人を駅まで送る　(s　　　　　) a person to the station
人を家まで送る　(w　　　　　) a person home
家まで車で送ってあげるよ。　I'll (d　　　　　) you back home.

4 時を過ごす

静かに暮らす　(l　　　　　) quietly
孤独な生活を送る　(l　　　　　) a lonely life
楽しい時を過ごす　(p　　　　　) an enjoyable time
テレビを見て夜を過ごす　(s　　　　　) the night watching TV

ANSWERS

❶ send, remit, forward, dispatch, ship, mail　❷ dispatch, send　❸ see, walk, drive
❹ live, lead, pass, spend

起こす

1 立てる
- raise （人・物を）立てる、起こす

2 始める
- start （事業などを）始める
- move 行動を起こす
- build （事業・国家などを）設立する
- launch （事業・会社などを）始める
- found （会社・学校などを）設立する

3 引き起こす
- raise （反乱・笑い声などを）引き起こす
- cause （苦痛などの）原因となる
- rise （反抗して）立ち上がる
- stir （事を）荒立てる、（人を）扇動する

4 生じさせる
- move （人に怒り・笑いなどを）起こさせる
- excite （感情などを強く）起こさせる
- provoke （刺激して感情などを）起こさせる
- raise （疑い・希望などを）起こさせる
- give （心配・喜びなどを）生じさせる
- generate （電気・熱などを）発生させる

5 目を覚まさせる
- call （眠っている人を）起こす
- wake 目を覚まさせる
- awake 眠りから覚ます
- waken 目覚めさせる

「立てる」あるいは「設立する」という第1グループ、「引き起こす・原因となる」という第2グループ、「目覚めさせる」という第3グループに分けて整理した。

YOUR TURN!

1 立てる
患者を起こす　(r　　　　　) the patient

2 始める
事業を起こす　(s　　　　　) a business
騒動を鎮めるために行動を起こす　(m　　　　　) to suppress a disturbance
独立国家を築く　(b　　　　　) an independent country
株式会社を始める　(l　　　　　) a corporation
専門学校を設立する　(f　　　　　) a technical college

3 引き起こす
口論を引き起こす　(r　　　　　) a quarrel
トラブルを引き起こす　(c　　　　　) troubles
政府に反抗して立ち上がる　(r　　　　　) against the government
人を扇動して反乱を起こさせる　(s　　　　　) people to rebellion

4 生じさせる
感動して泣いてしまう　be (m　　　　　) to tears
興味を起こさせる　(e　　　　　) one's interest
怒りを引き起こす　(p　　　　　) anger
疑念を引き起こす　(r　　　　　) doubt
心配させる　(g　　　　　) anxiety
電気を起こす　(g　　　　　) electricity

5 目を覚まさせる
6時に人を起こす　(c　　　　　) a person at six
その音が私を起こした。The noise (w　　　　　) me.
雷で目が覚める　be (a　　　　　) by the thunder
地震で目が覚める　be (w　　　　　) by the earthquake

ANSWERS

❶ raise　❷ start, move, build, launch, found　❸ raise, cause, rise, stir　❹ <u>moved</u>, excite, provoke, raise, give, generate　❺ call, <u>woke</u>, <u>awoken</u>, <u>wakened</u>

CHART 017

落ち着く・落ち着かせる

1 気持ちが静まる
- **calm** （人が）落ち着く
- **steady** 安定させる
- **compose** 心を落ち着かせる
- **cool** 気持ちを静める
- **get oneself together** 落ち着きを取り戻す
- **relax** 緊張をほぐす

2 物事が安定する
- **calm** （海・状態などが）静まる
- **settle** （動揺している物事が）安定する
- **stabilize** （物価・状態などを）安定させる

3 結論などに到達する
- **settle** （問題・紛争などを）解決する
- **end up** ～で終わる
- **decide (on)** ～に決める
- **come to** 結局～になる

4 住居・職業などが定まる
- **settle** （仕事などに）就かせる
- **establish** （地位・場所などに）身を落ち着かせる

「混乱や動揺のない状態になる」という第1グループ、「問題などが収まる場所に収まる」という第2グループ、「ある場所に落ち着く」という第3グループに整理した。

YOUR TURN!

1 気持ちが静まる

音楽を聴いて落ち着く　(c　　　　　) down by listening to the music
神経を落ち着かせる　(s　　　　　) one's nerves
気持ちを落ち着かせるために深呼吸をする
　take a deep breath to (c　　　　　) oneself
興奮を静める　(c　　　　　) one's excitement
落ち着きを取り戻そうとする　try to (g　　　　　) oneself together
犬が私をくつろがせてくれる。　My dog (r　　　　　) me.

2 物事が安定する

風が静まった。　The wind (c　　　　　) down.
動きはおさまった。　The movement (s　　　　　).
中国市場を安定させる　(s　　　　　) the Chinese market

3 結論などに到達する

論争を解決する　(s　　　　　) an argument
失敗に終わる　(e　　　　　) up in failure
行くことに決める　(d　　　　　) on going
決定にいたる　(c　　　　　) to a decision

4 住居・職業などが定まる

新しい仕事に就く　be (s　　　　　) in a new job
教授として身を落ち着かせる　(e　　　　　) oneself as a professor

ANSWERS

❶ calm, steady, compose, cool, get, <u>relaxes</u>　❷ <u>calmed</u>, <u>settled</u>, stabilize　❸ settle, end, decide, come　❹ <u>settled</u>, establish

落ちる

1 落下する
- **fall** （ある位置から下方へ）落下する
- **drop** （突発的に）落ちる
- **drip** （液体が）ポタポタ落ちる
- **land** （人・物が）落ちる
- **tumble** （人・物が）転落する

2 月・太陽が沈む
- **set** （太陽・月が）沈む
- **go down** （太陽・月が）沈む

3 衰える・低下する
- **fall** （温度・値段などが）下がる
- **drop** （勢い・レベルなどが）低下する
- **slip** （力などが）衰える
- **go down** （物の質などが）低下する

4 試験などに失敗する
- **fail** （試験などに）不合格になる

5 汚れなどが取れる
- **wash out** （汚れ・色が）洗って落ちる
- **fade** （色が）あせる
- **run** （色などが洗濯で）落ちる

---

dropはdripと同様、「ポタポタ落ちる、ポトンと落ちる」という語感を持つが、dripは反復的なのに対し、dropは1回きりの場合にも用いる。

YOUR TURN!

1 落下する

テーブルから落ちる　(f　　　　) off the table
地面に落ちる　(d　　　　) to the ground
彼の髪から水が滴っていた。His hair was (d　　　　　).
彼は芝の上に落ちた。He (l　　　　) on the grass.
その少女は箱につまずいて転んだ。The girl (t　　　　) over a box.

2 月・太陽が沈む

太陽はもう沈んでしまった。The sun has already (s　　　　).
日が沈む前に　before the sun (g　　　　) down

3 衰える・低下する

地価が下がった。Land prices (f　　　　).
出生率が低下している。The birth rate is (d　　　　).
彼の力は衰えている。His power is (s　　　　).
学生の国語力は低下している。
　Students' Japanese ability is (g　　　　) down.

4 試験などに失敗する

採用試験に落ちる　(f　　　　) employment examinations

5 汚れなどが取れる

その色は洗うと色落ちする。The color (w　　　　) out.
カーテンの色があせている。The curtains have (f　　　　).
このシャツは洗うと色落ちするでしょう。
　This shirt will (r　　　　) if you wash it.

ANSWERS

❶ fall, drop, <u>dripping</u>, <u>landed</u>, <u>tumbled</u>　❷ set, <u>goes</u>　❸ <u>fell</u>, <u>dropping</u>, <u>slipping</u>, <u>going</u>　❹ fail　❺ <u>washes</u>, <u>faded</u>, run

落とす

1 落下させる
- **drop** （物を偶然・故意に）落下させる
- **drip** （液体を）ポタポタ落とす
- **shed** （木が葉などを）落とす

2 なくす
- **lose** （不注意から物を）失う

3 減少・低下させる
- **lower** （評価・地位を）下げる
- **degrade** （品位・質を）落とす
- **humble** （人を）卑しめる
- **lose** （体重などを）減らす
- **slow** 速度を落とす
- **sink** （声・程度などを）低くする
- **reduce** （数量などを）減少させる

4 不合格にさせる
- **fail** 落第させる
- **flunk** （学科を）落とす

5 取り除く
- **remove** （汚れなどを）取り除く
- **wash** （洗剤などが）汚れを落とす
- **soak out** （汚れ・しみなどを水に浸して）落とす

6 抜かす
- **drop** （ある音・文字などを）抜かす
- **miss** 欠く
- **leave out** （文字などを）省く

自動詞の「落ちる」に対し、他動詞の場合が「落とす」。大きく分けると、「落とす・引き下げる・取り除く」の３つの系統に整理できる。どの場合も、元の場所に留まることを許さない。

YOUR TURN!

1 落下させる
卵を落とす　（d　　　　　） an egg
蜂蜜をポタポタ落とす　（d　　　　　） honey
葉を落とす　（s　　　　　） leaves

2 なくす
財布をなくす　（l　　　　　） one's purse

3 減少・低下させる
評判を下げる　（l　　　　　） the reputation
他人の悪口を言って自分の品位を落とす
　（d　　　　　） oneself by speaking ill of others
人のプライドをけなす　（h　　　　　） a person's pride
体重を減らす　（l　　　　　） one's weight
車の速度を落とす　（s　　　　　） down one's car
声を低くする　（s　　　　　） one's voice
車の事故の件数を減らす　（r　　　　　） the number of car accidents

4 不合格にさせる
生徒全員を落第させる　（f　　　　　） all students
英語の単位を落とす　（f　　　　　） English

5 取り除く
マニキュアを落とす　（r　　　　　） nail polish
汚れを洗い落とす　（w　　　　　） out dirt
血痕を水に浸して落とす　（s　　　　　） out bloodstains

6 抜かす
最後の t の音を抜かす　（d　　　　　） the last t's
重要な語を抜かす　（m　　　　　） an important word
名前を削除する　（l　　　　　） out one's name

ANSWERS

❶ drop, drip, shed　❷ lose　❸ lower, degrade, humble, lose, slow, sink, reduce
❹ fail, flunk　❺ remove, wash, soak　❻ drop, miss, leave

思う

1 感じる
- feel ～だと思う

2 考える
- think 考える
- believe 信じる

3 不審に思う
- doubt （否定的に）～かどうか疑問に思う
- suspect （肯定的に）～ではないかと思う
- wonder ～だろうかと思う

4 意図する
- intend to *do* ～するつもりである
- think （～しようと）思っている
- expect ～するつもりである
- be going to *do* （近いうちに）～するつもりである

5 願う・望む
- hope 待ち望む
- want ～したいと思う
- wish （できたら）～したいと思う

6 予想する・推測する
- expect （良いこと・悪いことがきっと起こるだろうと）予期する
- imagine 心に思い描く
- guess 推測する
- suppose （しっかりした根拠がなく）推測する

7 回想する
- remember （過去のことを自然に）思い出す
- recall （過去のことを意図的に）思い出す

「思う」は思う内容によってグループが分かれる。(1)ある考えを抱く場合、(2)意図や願望である場合、(3)将来への予想・予測である場合の3つの系統である。

YOUR TURN!

1 感じる
あなたの考えは面白いと思う。　I (f　　　　) your idea is interesting.

2 考える
あなたは間違っていると思う。　I (t　　　　) you are wrong.
彼は来ると信じている。　I (b　　　　) he will come.

3 不審に思う
彼の話が真実かどうか疑問に思う。　I (d　　　　) whether his story is true.
彼は病気なのではないかと思う。　I (s　　　　) that he is ill.
彼女はなぜ泣いているのだろう。　I (w　　　　) why she is crying.

4 意図する
会議に出席するつもりである　(i　　　　) to attend the meeting
もう行こうと思う。　I (t　　　　) I'll go now.
そこで彼に会うつもりだ。　I (e　　　　) to see him there.
京都を訪れる予定だ。　I'm (g　　　　) to visit Kyoto.

5 願う・望む
勝つといいですね。　I (h　　　　) you'll win.
先生になりたいと思う。　I (w　　　　) to be a teacher.
フランス語が話せたらいいなと思う。　I (w　　　　) I could speak French.

6 予想する・推測する
雨が降るだろうと予想する　(e　　　　) it will rain
成功すると想像する　(i　　　　) you will succeed
彼は家にいると思う。　I (g　　　　) he is at home.
彼は賛成するような気がする。　I (s　　　　) he'll agree.

7 回想する
その男性がだれか思い出す　(r　　　　) who the man is
アメリカでの生活を思い出す　(r　　　　) one's life in America

ANSWERS

① feel　② think, believe　③ doubt, suspect, wonder　④ intend, think, expect, going
⑤ hope, want, wish　⑥ expect, imagine, guess, suppose　⑦ remember, recall

降りる

1 下に移る
- **go down** 下へ行く
- **come down** 降りてくる
- **get down** （高いところから）降りる
- **descend** 下る
- **fall** 落下する
- **land** （人・物が）落ちる
- **climb down** （手足を使って）降りる
- **step down** （階段などから）降りる

2 乗り物などから降りる
- **get off** （乗り物から）降りる
- **get out of ～** ～から出る
- **dismount** （馬・自転車などから）降りる
- **disembark** （船・飛行機から）降りる

3 霜などが降りる
- **frost** 霜が降りる、霜でおおう

「物や人が高い所から降りる場合」と「霜などが降りる場合」に分けた。「高い所から降りる場合」には、乗り物から降りる場合も含めた。

YOUR TURN!

1 下に移る

階段を降りる　(g　　　　　) down the stairs
台から降りる　(c　　　　　) down from the stand
猫がテーブルから降りた。　The cat (g　　　　　) down from the table.
エレベーターは下った。　The elevator (d　　　　　).
秋には葉が落ちる。　Leaves (f　　　　　) in fall.
蝶が髪に舞い降りた。　A butterfly (l　　　　　) on my hair.
岩から降りる　(c　　　　　) down the rock
バスから降りる　(s　　　　　) down from the bus

2 乗り物などから降りる

電車を降りる　(g　　　　　) off the train
タクシーを降りる　(g　　　　　) out of the taxi
自転車から降りる　(d　　　　　) from one's bike
船から降りる　(d　　　　　) from the ship

3 霜などが降りる

地面には霜が降りていた。　The ground was (f　　　　　).

ANSWERS

❶ go, come, <u>got</u>, <u>descended</u>, fall, <u>landed</u>, climb, step　❷ get, get, dismount, disembark　❸ <u>frosted</u>

CHART 022

かかる

1. **ぶら下がっている**
   - hang （物が）ぶら下がる
   - overhang （〜の上に）張り出す

2. **降りかかる**
   - devolve 身に及ぶ
   - splash （水・泥などが）はねかかる
   - spatter （水などを）はねかける

3. **鍵などがかかる**
   - clasp （留め金などが）かかる
   - lock 錠がかかる

4. **捕らえられる**
   - be caught 捕らえられる
   - fall into （わななどに）はまる

5. **橋・虹などがかかる**
   - arch アーチ型にかかる
   - traverse （橋が）かかる

6. **作動する**
   - start （機械などが）動き始める

7. **要する**
   - take （時間・労力などを）必要とする
   - cost （費用が）かかる

8. **依存する**
   - depend 〜次第である

「何かに引っかかって止まっている場合」と「アーチや橋がかかる場合」。それから「エンジンなどが作動する場合」と「時間・費用などがかかる場合」の4系統で整理した。

YOUR TURN!

1 ぶら下がっている
木にぶら下がっている　(h　　　　　) from the tree
通路に突き出ている　(o　　　　　) the walkway

2 降りかかる
責任が彼女の身に及んだ。　The responsibility (d　　　　　) on her.
水がカメラにかかった。　The water (s　　　　　) on the camera.
白いスカートに泥をはねかける　(s　　　　　) mud over the white skirt

3 鍵などがかかる
ブローチは彼女の服に留め金で留めてあった。
　The brooch was (c　　　　　) to her dress.
ドアに鍵がかかっていた。　The door was (l　　　　　).

4 捕らえられる
わなにかかる　be (c　　　　　) in the trap
わなにひっかかる　(f　　　　　) into a trap

5 橋・虹などがかかる
海の上にアーチ型にかかる　(a　　　　　) over the sea
海峡に（橋が）かかっている　(t　　　　　) the channel

6 作動する
エンジンがかからない。　The engine won't (s　　　　　).

7 要する
2週間かかる　(t　　　　　) two weeks
多くの費用がかかる。　It (c　　　　　) a lot.

8 依存する
それはあなたにかかっている。　It (d　　　　　) on you.

ANSWERS

❶ hang, overhang　❷ devolved, splashed, spatter　❸ clasped, locked　❹ caught, fall
❺ arch, traverse　❻ start　❼ take, costs　❽ depends

CHART 023

かける

1. **つるす・ぶら下げる**
   - hang　（物を）つるす
   - suspend　ぶら下げる

2. **かぶせる**
   - cover　おおいをする
   - spread　（物の上に）広げる

3. **座る**
   - sit　腰をかける

4. **作動させる**
   - play　（ラジオ・レコードなどを）かける
   - start　（エンジンなどを）かける

5. **費やす**
   - take　（時間などを）必要とする
   - spend　（費用・時間などを）使う

6. **会議などにはかる**
   - bring up　（問題などを）持ち出す
   - submit　（書類・案などを）提出する

7. **心に留める**
   - be concerned　気にかける
   - be worried　心配する

8. **掛け算する**
   - multiply　掛け算をする

物理的に「物をかける場合」と「エンジンをかける」のように「作動させる場合」と「時間をかける」のように「費やす場合」に三分し、「掛け算する」を加えた。

YOUR TURN!

1 つるす・ぶら下げる
コートをかける　(h　　　　　) one's coat
フラワーポットをつるす　(s　　　　　) a flower pot

2 かぶせる
自転車にビニールをかける　(c　　　　　) the bike with a plastic sheet
ベッドにカバーをかける　(s　　　　　) a cover on the bed

3 座る
ソファーに腰をかける　(s　　　　　) on a sofa

4 作動させる
ＣＤをかけてもいいですか。　May I (p　　　　　) a CD?
エンジンのかけ方　how to (s　　　　　) the engine

5 費やす
我々は１日かけてそこに到着した。
　It (t　　　　　) us one day to get there.
趣味にお金をたくさんかける　(s　　　　　) a lot of money on one's hobby

6 会議などにはかる
新しい計画を持ち出す　(b　　　　　) up a new plan
独自の考えを提出する　(s　　　　　) an original idea

7 心に留める
年老いた両親のことを気にかける　be (c　　　　　) about one's old parents
結果を心配する　be (w　　　　　) about the result

8 掛け算する
７に８を掛ける　(m　　　　　) 7 by 8

ANSWERS

❶ hang, suspend　❷ cover, spread　❸ sit　❹ play, start　❺ took, spend　❻ bring, submit　❼ concerned, worried　❽ multiply

065

傾く

1 傾斜する
- **lean** （ある方向に）傾く
- **slant** （まっすぐであるべきものが）傾斜する
- **incline** （ある物に向かって）傾く
- **list** （船が）傾く
- **slope** （〜のほうに）傾斜する
- **tilt** （一方に）傾く
- **tip** ひっくり返る

2 傾向を帯びる
- **incline** 気が向く
- **lean** （感情・意見などが）傾く
- **tend** 〜する傾向がある

3 月や太陽が沈む
- **set** （日・月などが）沈む
- **go down** （日・太陽が）沈む
- **sink** 没する

4 衰える
- **decline** 低下する

物理的に「一方に傾く場合」と「月や太陽が傾く場合」と「衰える場合」の3つの系統に整理した。「景気が傾く」は最後のグループに属する表現である。

YOUR TURN!

1 傾斜する

右に傾く　(l　　　　) to the right
左に傾く　(s　　　　) to the left
はしごを壁に立てかける　(i　　　　) a ladder against the wall
船は激しく傾いた。　The ship (l　　　　) sharply.
道は湖に向かって傾斜している。　The road (s　　　　) toward the lake.
２両目が傾いた。　The second car (t　　　　).
そのトラックはひっくり返った。　The truck (t　　　　) over.

2 傾向を帯びる

彼の意見に気持ちが傾く　(i　　　　) to his opinion
独裁主義に傾く　(l　　　　) toward autocracy
何でも心配する傾向がある　(t　　　　) to worry about everything

3 月や太陽が沈む

太陽は西に沈んだ。　The sun (s　　　　) in the west.
太陽はもう沈んでしまった。　The sun has already (g　　　　) down.
日が傾いている。　The sun is (s　　　　).

4 衰える

地価は下落している。　The price of land is (d　　　　).

ANSWERS

1 lean, slant, incline, <u>listed</u>, <u>slopes</u>, <u>tilted</u>, <u>tipped</u>　**2** incline, lean, tend　**3** set, <u>gone</u>, <u>sinking</u>　**4** <u>declining</u>

考える

1 思考する
- think 心の中で意見を持つ
- consider 考察する
- reflect 熟考する
- meditate （時間をかけて）沈思する
- wonder あれこれ思いめぐらす

2 判断する
- suppose ～だと思う
- consider ～だとみなす
- regard （外見から）～とみなす
- conceive 理解する
- reckon ～だろうと考える
- judge 評価して思う

3 意図する
- think （～しようと）思っている
- intend 意図する
- mean 意味する
- plan 計画する

4 予期する・予想する
- expect （たぶんそうであろうと）思う
- dream ［否定文で］～と思う
- imagine 心の中にイメージを浮かべて思う

5 回顧する
- remember （過去のことを自然に）思い出す
- look back upon （振り返って）思い出す

「考える」というのは含みの多い言葉だが、「思考する・判断する場合」と「意図する場合」と「これから起こることを予期する・過去を回顧する」の3つの系統で整理した。

YOUR TURN!

1 思考する
その問題について考える　(t　　　　　) about the problem
彼らの計画を検討する　(c　　　　　) their plan
自分の態度について熟考する　(r　　　　　) on one's behavior
人生について沈思する　(m　　　　　) on one's life
息子のことをあれこれ考える　(w　　　　　) about one's son

2 判断する
彼は来ると思う。　I (s　　　　　) that he will come.
その本は面白いと思う。　I (c　　　　　) the book interesting.
その規則は不要だと思う。　I (r　　　　　) the rule as unnecessary.
それは重要だと思う。I (c　　　　　) that it is important.
彼は成功するだろうと思う。　I (r　　　　　) he will succeed.
彼は正しいと判断した。　I (j　　　　　) he was right.

3 意図する
コーヒーを飲もうと思う。　I (t　　　　　) I'll have a coffee.
部屋のそうじをしようと思う。　I (i　　　　　) to clean my room.
トラブルを起こすつもりである　(m　　　　　) trouble
私は行くつもりだ。　I (p　　　　　) to go.

4 予期する・予想する
彼らは私の申し出を受けてくれると思う。
　I (e　　　　　) them to accept my offer.
あなたに再び会うとは考えもしなかった。
　I never (d　　　　　) that I would meet you again.
彼らは感謝することと思う。　I (i　　　　　) they will appreciate it.

5 回顧する
彼の言葉を思い出す　(r　　　　　) his words
夏休みのことを思い出す　(l　　　　　) back upon the summer vacation

ANSWERS

① think, consider, reflect, meditate, wonder　② suppose, consider, regard, conceive, reckon, judged　③ think, intend, mean, plan　④ expect, dreamed〔dreamt〕, imagine　⑤ remember, look

消える

1 消滅する
- **die** （物・事が）存在しなくなる
- **clear** （雲・煙などが）消える
- **go** （物・事が）消える
- **soak out** （汚れなどが）消える

2 視界から見えなくなる
- **disappear** 視界から見えなくなる
- **vanish** （見えていた物が）見えなくなる

3 火・光などが消える
- **fade** （次第に）消えていく
- **go out** 消える

4 記憶・痛みなどがなくなる
- **pass** （出来事・状態などが）消え去る
- **vanish** （希望・痛みなどが）消える
- **clear up** （かぜ・悩みなどが）治る、なくなる
- **go away** （苦痛などが）取れる

---

soakは本来「浸す、ぬらす」という動詞だが、「消滅」を表すoutを加えることにより、「しみ出す、しみ出させる」という意味になる。

YOUR TURN!

1 消滅する

うわさはほどなく消えた。　The rumor soon (d　　　　).
霧が消えた。　The fog (c　　　　).
自転車がどこかに消えてしまった。　My bike has (g　　　　) somewhere.
しみが消えた。　The stain (s　　　　) out.

2 視界から見えなくなる

飛行機は突然見えなくなった。　The plane (d　　　　) suddenly.
コインが彼の手の中で消えた。　The coin (v　　　　) in his hand.

3 火・光などが消える

音は次第に消えていった。　The sound (f　　　　) away.
光が消えた。　The light (w　　　　) out.

4 記憶・痛みなどがなくなる

痛みは消えた。　The pain has (p　　　　).
可能性が消えた。　The possibility has (v　　　　).
頭痛が消えた。　My headache (c　　　　) up.
歯痛が消えた。　My toothache (w　　　　) away.

ANSWERS

❶ died, cleared, gone, soaked　❷ disappeared, vanished　❸ faded, went　❹ passed, vanished, cleared, went

切る

1 切断する
- **cut** （刃物で）切る
- **clip** （はさみで）刈り込む
- **chop** （おの・なたなどで）たたき切る
- **saw** のこぎりで切る
- **sever** （物を）切断する
- **shred** 細く切る
- **slice** （パン・ハムなどを）薄く切る
- **slit** 細長く裂く
- **cube** 小さい立方体に切る
- **carve** （肉などを）切り分ける
- **dice** さいの目に切る

2 傷つける
- **cut** 切り傷をつける
- **slash** 深く切る

3 取り除く
- **drain** （水気を）切る

4 終わりにする
- **break** （回路を）遮断する
- **disconnect** 電源を切る
- **turn off** （テレビ・明かりなどを）消す
- **switch off** スイッチを切る
- **cut off** （電話などを）切る
- **hang up** 電話を切る

5 関係を絶つ
- **leave** 縁を切る
- **be through with** （人・物事との）関係を断っている

文字通り「切断する場合」と「水を切る」のように「取り除く場合」と「スイッチなどを切る場合」の3つに分けた。「切断する」の意味の動詞はsかcで始まるものが多いのが面白い。

YOUR TURN!

1 切断する

髪を切ってもらう　have one's hair (c　　　　)
芝生を刈る　(c　　　　) a lawn
まきをたたき切る　(c　　　　) wood
のこぎりで木を切る　(s　　　　) a tree
棒を切断する　(s　　　　) a stick
書類を細く切る　(s　　　　) papers
チーズを薄く切る　(s　　　　) cheese
布を細長く裂く　(s　　　　) a cloth
にんじんをさいの目に切る　(c　　　　) a carrot
チキンを切り分ける　(c　　　　) the chicken
じゃがいもをさいの目に切る　(d　　　　) potatoes

2 傷つける

指を切る　(c　　　　) one's finger
手首を切る　(s　　　　) one's wrist

3 取り除く

野菜の水を切る　(d　　　　) the vegetables

4 終わりにする

接続を遮断する　(b　　　　) the connection
扇風機の電源を切る　(d　　　　) an electric fan
テレビを消す　(t　　　　) off the TV
電気のスイッチを切る　(s　　　　) off the light
電話が切れた。The telephone was (c　　　　) off.
彼は電話を切った。He (h　　　　) up.

5 関係を絶つ

夫と縁を切る　(l　　　　) one's husband
彼女とは関係が切れている。I'm (t　　　　) with her.

ANSWERS

❶ cut, clip, chop, saw, sever, shred, slice, slit, cube, carve, dice　❷ cut, slash
❸ drain　❹ break, disconnect, turn, switch, cut, hung　❺ leave, through

073

切れる

1 切断される
- snap　プツンと切れる
- blow　（ヒューズが）飛ぶ
- cut out　（エンジンが）急に止まる
- run down　（電池が）切れる

2 効力がなくなる
- expire　期限切れになる
- run out　（期限などが）満了する

3 尽きる
- run out　（たくわえなどが）尽きる
- puff　息切れがする
- be out of stock　（商品が）品切れになる

4 鋭い
- sharp　形　（刃が）鋭い
- keen　形　（刃が）よく切れる
- cut well　（ナイフなどが）よく切れる

5 有能である
- sharp　形　利口な
- keen　形　（頭脳・感覚などが）鋭敏な
- clear-headed　形　頭のさえた

〈切れる側〉と〈切る側〉の二面がある。〈切れる側〉は文字通り「切断される場合」と「効力や期限が切れる場合」に分けた。〈切る側〉は「鋭利である・有能である」の両方を含む。

YOUR TURN!

1 切断される

紐はプツンと切れた。　The cord (s　　　　).
ヒューズが飛んだ　The fuse (b　　　　).
エンジンが切れた。　The engine (c　　　　) out.
携帯電話の電池が切れた。　My cell phone (r　　　　) down.

2 効力がなくなる

私のパスポートは切れている。　My passport has (e　　　　).
保証期間が満了した。　The guarantee (r　　　　) out.

3 尽きる

貯金が尽きた。 My savings (r　　　　) out.
少年は息を切らせていた。　The boy was (p　　　　).
その型は品切れです。　The model is out of (s　　　　).

4 鋭い

よく切れるナイフ　a (s　　　　) knife
鋭い刃　a (k　　　　) edge
このはさみはよく切れる。　These scissors (c　　　　) well.

5 有能である

頭が切れる　have a (s　　　　) mind
鋭い感性　(k　　　　) sensibilities
彼は頭脳明晰な秘書だ。　He's a (c　　　　) secretary.

ANSWERS

❶ snapped, blew, cut, ran　❷ expired, ran　❸ ran, puffing, stock
❹ sharp, keen, cut　❺ sharp, keen, clear-headed

来る

1 やって来る
- **come** やって来る
- **arrive** （ある場所に）到着する
- **come and do** 〜しに来る
- **Here comes** （人が）来た
- **make it** （目的地などに）たどり着く
- **roll up** （人が車で）やって来る
- **show up** （会などに）現れる
- **approach** 接近する
- **turn up** 姿を現す

2 来訪する
- **call** 立ち寄る
- **visit** 訪問する

3 取って来る
- **fetch** 取って来る

4 巡り来る
- **come** （時・事柄が）到来する
- **arrive** （季節・時などが）到来する
- **follow** 〜の次に来る
- **return** （季節などが）巡ってくる
- **fall** （夜・時期などが）来る

「ある場所にやって来る場合」と「何かを取って来る場合」と「巡回して来る場合」の3つの系統に整理した。fetchは「人を連れて来る」という時にも使われる。

YOUR TURN!

1 やって来る

彼は１人でやって来た。 He (c   ) alone.
時間内に到着する (a   ) in time
人に会いに来る (c   ) and see a person
ほら、田中さんが来た。 Here (c   ) Mr. Tanaka.
時間通りに着く (m   ) it on time
大臣は車でやって来た。 The minister (r   ) up.
主催者は現れなかった。 The host didn't (s   ) up.
台風が近づいている。 A typhoon is (a   ).
彼の息子が姿を現した。 His son (t   ) up.

2 来訪する

会社に立ち寄る (c   ) at one's office
京都を訪れる (v   ) Kyoto

3 取って来る

傘を取って来る (f   ) one's umbrella

4 巡り来る

春が来た。 Spring has (c   ).
決断の時が来た。 The time for decision has (a   ).
稲光に続いて雷鳴がとどろく。 Thunder (f   ) lightning.
梅雨が巡ってきた。 The rainy season has (r   ).
夜が来る。 Night (f   ).

ANSWERS

❶ <u>came</u>, arrive, come, <u>comes</u>, make, <u>rolled</u>, show, <u>approaching</u>, <u>turned</u> ❷ call, visit
❸ fetch ❹ come, <u>arrived</u>, <u>follows</u>, <u>returned</u>, <u>falls</u>

加える

1 合わせる
- add　追加する
- accompany　伴わせる
- mix　混合する
- add in　数に入れる
- include　含む

2 足す
- add　（数字を）合計する

3 増す
- gain　（価値・力などを）増す
- gather　（速度・勢いなどを）増す

4 仲間に入れる
- associate　仲間に加える

5 与える
- inflict　（苦痛・損害などを）与える
- deal　（打撃を）加える
- lay　（むちなどの打撃を）加える
- deliver　（攻撃などを）与える
- fetch　（一撃を）食らわせる

「2つのものを合わせる場合」と「他者に何かを与える場合」に分けた。第2の系統の inflict, deal, lay, deliver, fetch はなかなか思いつかない単語ばかりである。

YOUR TURN!

1 合わせる

5に8を加える　(a　　　　　) 8 to 5
危険を伴う　be (a　　　　　) by danger
水と小麦粉を混ぜ合わせる　(m　　　　　) water with flour
子供を数に入れる　(a　　　　　) children in
老人を含む　(i　　　　　) old people

2 足す

売上を合計する　(a　　　　　) sales figures

3 増す

強さを増す　(g　　　　　) strength
速度を増す　(g　　　　　) speed

4 仲間に入れる

プログラムに加わる　be (a　　　　　) with the program

5 与える

何の害も与えない　(i　　　　　) no harm
人に一撃を加える　(d　　　　　) a person a blow
馬にむちを加える　(l　　　　　) a whip on a horse
あごに一撃を加える　(d　　　　　) a blow to a person's chin
頬に平手打ちを食らわせる　(f　　　　　) a person a slap on the cheek

ANSWERS

❶ add, <u>accompanied</u>, mix, add, include　❷ add　❸ gain, gather　❹ <u>associated</u>
❺ inflict, deal, lay, deliver, fetch

消す

1 消火する
- **extinguish** （火を）消す
- **smother** （火を覆って）消す
- **put out** （火・明かりを）消す

2 電気・テレビなどを消す
- **turn off** （明かり・テレビなどを）消す
- **turn out** （明かりなどを）消す
- **switch off** スイッチを切る

3 除去する・消去する
- **remove** （汚れなどを）取り除く
- **deaden** （音・痛みなどを）和らげる
- **mute** 音を消す
- **erase** （文字などを）消す
- **rub out** 消しゴムで消す
- **get rid of** （厄介な物を）取り除く

4 姿・音を消す
- **extinguish** （火を消すように希望などを）失わせる
- **vanish** （今まで存在していたものが）なくなる
- **disappear** 姿を消す

5 殺す
- **remove** 殺害する（killの遠回しの言い方）
- **kill** （人や動物の）生命を奪う
- **murder** （人を不法かつ意図的に）殺す
- **eliminate** 排除する、（敵を）殺す
- **rub out** （人を）殺す

「火や電気を消す場合」と「何かを取り去る場合」と「殺す場合」の3つに分けた。remove は「取り除く」という意味のほか、「殺す」の遠回しな表現としても使われる。

YOUR TURN!

1 消火する
たばこの火を消す　(e　　　　　　) a cigarette
毛布で覆って火を消す　(s　　　　　　) a fire with a blanket
ランプの火を消す　(p　　　　　　) out a lamp

2 電気・テレビなどを消す
テレビを消す　(t　　　　　　) off the TV
明かりを消す　(t　　　　　　) out the light
コンピューターのスイッチを切る　(s　　　　　　) off a computer

3 除去する・消去する
コーヒーのしみを取り除く　(r　　　　　　) a coffee stain
音量を下げる　(d　　　　　　) the volume
ラジオの音を消す　(m　　　　　　) the radio
名前を消す　(e　　　　　　) one's name
消しゴムで線を消す　(r　　　　　　) the line out
迷惑な広告を排除する　get (r　　　　　　) of annoying ads

4 姿・音を消す
仕事への情熱を失わせる　(e　　　　　　) a passion for business
可能性がなくなった。　Possibility has (v　　　　　　).
視界から消える　(d　　　　　　) out of sight

5 殺す
彼は王に殺害された。　He was (r　　　　　　) by the King.
動物を殺す　(k　　　　　　) animals
母親を殺す　(m　　　　　　) one's mother
目撃者を殺そうとする　try to (e　　　　　　) the witness
5人が殺害された。　Five people were (r　　　　　　) out.

ANSWERS

❶ extinguish, smother, put　❷ turn, turn, switch　❸ remove, deaden, mute, erase, rub, rid　❹ extinguish, vanished, disappear　❺ removed, kill, murder, eliminate, rubbed

困る

1 難儀する
- **be puzzled** （答えがわからなくて）困惑する
- **be perplexed** 困惑し悩む
- **miss** （物がないので）困る
- **be at a loss** 途方に暮れている
- **be in trouble** （解決困難な状況にあり）困っている
- **be in a fix** 窮地に立っている

2 困惑する
- **be annoyed** （迷惑などで）いらいらしている
- **be bothered** （ささいなことで）困っている
- **be embarrassed** きまりが悪い

3 困窮する
- **be in difficulties** （金などに）困っている
- **be pinched** （境遇などで）困っている
- **be badly off** 貧乏である
- **be pressed** （金・時間などがなくて）困っている

「難儀している・困惑している」という感情面に力点を置いた意味グループと、「金欠で困っている・時間がなくて困っている」など困窮の原因に力点を置いた意味グループに分けた。

YOUR TURN!

1 難儀する

問題に困惑する　be (p　　　　　) by a question
彼の言葉に困惑する　be (p　　　　　) by his word
英和辞典がなくて困る　(m　　　　　) an English-Japanese dictionary
どこに行けばいいかわからなくて途方に暮れている
　be at a (l　　　　　) where to go
困っている人を助ける　help people who are in (t　　　　　)
彼は窮地に立っている。　He is in a (f　　　　　).

2 困惑する

やかましい子供たちにいらいらしている　be (a　　　　　) with noisy children
彼からのたびたびの電話に困っている　be (b　　　　　) by his frequent calls
人の態度にまごつく　be (e　　　　　) by a person's attitude

3 困窮する

困窮している者もいる。　Some are in (d　　　　　).
金に困っている　be (p　　　　　) for money
彼らは貧乏だ。　They are badly (o　　　　　).
時間がなくて困っている　be (p　　　　　) for time

ANSWERS

❶ puzzled, perplexed, miss, loss, trouble, fix　❷ annoyed, bothered, embarrassed
❸ difficulties, pinched, off, pressed

下がる

1 位置が低くなる
- **sink** （水位が）下がる
- **fall** （物が）落下する
- **go down** （道などが）下りになる

2 ぶら下がる
- **hang** （物が）ぶら下がる
- **dangle** （物が）だらりと垂れ下がる

3 後退する
- **step back** あとずさりする
- **get back** （後方へ）下がる
- **stand back** 後ろへ下がる

4 程度・数値が低くなる
- **fall** （温度・値段などが）下がる
- **drop** （程度・価値などが）落ちる
- **sink** （程度・数量が）減る
- **slip** （質・景気などが）悪化する
- **come down** （価格・温度などが）下がる
- **lower** （速度・温度などが）低くなる
- **decline** （物価が）下落する
- **go down** （値段・温度・質などが）低下する

「垂直方向に下がる場合」と「水平方向に後ろに下がる場合」と「数値などが下がる場合」の3系統に分けた。急激に下がる場合は「落ちる」という日本語を当ててある。

YOUR TURN!

1 位置が低くなる

池の水位が下がった。 The pool (s   ) down.
幕が下りた。 The curtain (f   ).
エレベーターは下降した。 The elevator (w   ) down.

2 ぶら下がる

木には飾りが下がっている。 Ornaments (h   ) from the tree.
鎖から垂れ下がる (d   ) from a chain

3 後退する

後退して道を譲る (s   ) back and give way
彼女は彼らに下がるように命じた。 She ordered them to (g   ) back.
電車が到着すると彼女は後ろへ下がった。
　She (s   ) back when the train arrived.

4 程度・数値が低くなる

気温が下がった。 The temperature (f   ).
株価は下がるだろう。 Stock prices will (d   ).
売り上げが減った。 Sales (s   ).
店の信用は落ちている。 The store's credibility is (s   ).
コレステロール値が下がった。 My cholesterol level (c   ) down.
株価が下がった。 The stocks (l   ) in value.
物価が下落した。 The prices have (d   ).
資産価値が下がっている。 Property values are (g   ) down.

ANSWERS

❶ sank, fell, went ❷ hang, dangle ❸ step, get, stood ❹ fell, drop, sank, slipping, came, lowered, declined, going

耐える

1 我慢する
- **bear** （苦痛などに）不平を言わずに我慢する
- **put up with** （怒りなどを）我慢する
- **stand** 辛抱する
- **endure** （苦痛などを）辛抱強く耐え忍ぶ
- **tolerate** （いやなものなどを）大目に見る
- **undergo** （困難などを）忍ぶ

2 持ちこたえる
- **stand** （物が）〜に耐える
- **withstand** （攻撃・困難などに）よく耐える
- **sustain** （重さに）耐える
- **survive** （物が）〜のあとまで残る
- **resist** （病気・自然力などに）影響されない
- **stand up to** （使用・熱などに）耐える

3 値する
- **be equal to** （状況などに）対応できる
- **be worth** 〜の値打ちのある

「耐える」は、本来の「我慢する」という意味と、多少比喩的な「読むに耐える」とか「聞くに耐えない」という時の「値する・耐える」の2つの意味系統に分けて考えた。

YOUR TURN!

1 我慢する

痛みに耐える　(b　　　　　) the pain
騒がしい隣人に耐える　(p　　　　　) up with one's noisy neighbor
侮辱に耐える　(s　　　　　) the insult
頭痛に耐える　(e　　　　　) one's headache
彼の喫煙には耐えられない。　I cannot (t　　　　　) his smoking.
多くの困難に耐える　(u　　　　　) many hardships

2 持ちこたえる

洗濯がきく　(s　　　　　) washing
攻撃に耐える　(w　　　　　) the attack
雪の重さに耐える　(s　　　　　) the weight of snow
嵐に耐えて残る　(s　　　　　) the storm
高熱に耐える　(r　　　　　) high temperature
繰り返しの洗濯に耐える　(s　　　　　) up to repeated washing

3 値する

供給は需要に耐えられる。　The supply is (e　　　　　) to the demand.
読む値打ちのある　be (w　　　　　) reading

ANSWERS

❶ bear, put, stand, endure, tolerate, undergo　❷ stand, withstand, sustain, survive, resist, stand　❸ equal, worth

出す

1 内から外へ出す
- put out　外に出す
- take out　取り出す

2 発生させる
- produce　生み出す
- send　（熱・光などを）出す
- put forth　（芽・葉などを）出す

3 公表する
- mention　〜について言及する
- utter　（言葉を）口に出す
- issue　（宣言・命令などを）出す
- display　（商品・作品などを）陳列する
- publish　（本などを）出版する
- produce　作り出す
- bring out　（新製品などを）出す

4 送る
- send　発送する
- mail　郵送する

5 提出する
- submit　（書類などを）提出する
- advance　（意見・計画などを）提出する
- hand in　（書類などを）差し出す
- turn in　（報告書などを）提出する

6 提供する
- serve　（食べ物を）出す

「内側にあるものを外部に出す場合」と「ある場所に向けて送り出す場合」に分けた。advanceを「出す」という意味で使うのは改まった言い方である。

YOUR TURN!

1 内から外へ出す
バッグから財布を出す　(p　　　　) a purse out of one's bag
箱からハンマーを取り出す　(t　　　　) a hammer out of the box

2 発生させる
有名な芸術家を生み出す　(p　　　　) a famous artist
赤い光を放つ　(s　　　　) out a red light
新しい葉を出す　(p　　　　) forth new leaves

3 公表する
記事について口に出さない　do not (m　　　　) the article
謝罪の言葉を口に出す　(u　　　　) words of apology
津波警報を出す　(i　　　　) a tsunami warning
写真をショーウィンドーに出す　(d　　　　) pictures in the window
自叙伝を出す　(p　　　　) an autobiography
その会社は家具を生産している。　The company (p　　　　) furniture.
新型を出す　(b　　　　) out new models

4 送る
手紙を出す　(s　　　　) a letter
小包を郵送する　(m　　　　) a package

5 提出する
辞表を出す　(s　　　　) one's resignation
計画を提出する　(a　　　　) one's plan
報告書の提出期限　deadline to (h　　　　) in the report
研究論文を出す　(t　　　　) in a research paper

6 提供する
果物を出す　(s　　　　) fruit

ANSWERS

❶ put, take　❷ produce, send, put　❸ mention, utter, issue, display, publish, produces, bring　❹ send, mail　❺ submit, advance, hand, turn　❻ serve

断つ

1 終わらせる
- cut やめる

2 断念する
- give up あきらめる
- quit やめる

3 生命を奪う
- kill oneself 自ら命を絶つ
- commit suicide 自殺する
- end （生命などを）絶つ

4 断絶する
- cut off （ガス・水道などを）止める
- break off （関係などを）断つ
- break with 絶交する
- sever （関係などを）断ち切る
- disconnect 電源を切る
- dissociate （人との）関係を断つ
- be through with （人・事と）縁が切れている
- break away 離脱する

5 さえぎる
- interrupt 邪魔する
- cut off 遮断する

「物事を終わりにする場合」と「命を終わりにする場合」と「分断する場合」の3つに分けた。実際には、分断することによって物事が終わるわけである。

YOUR TURN!

1 終わらせる
会話をやめる　(c　　　　　) the conversation

2 断念する
酒を断つ　(g　　　　　) up drinking
禁煙する　(q　　　　　) smoking

3 生命を奪う
自殺を図る　try to (k　　　　　) oneself
彼は自殺した。 He (c　　　　　) suicide.
50歳で生涯を閉じる　(e　　　　　) one's life at the age of 50

4 断絶する
電気の供給を断つ　(c　　　　　) off electricity supplies
絶交する　(b　　　　　) off a friendship
友だちと絶交する　(b　　　　　) with one's friend
他国との関係を断つ　(s　　　　　) relations with other countries
ＵＳＢ装置の接続を停止する　(d　　　　　) a USB device
党との関係を絶つ　(d　　　　　) oneself from the party
麻薬を断っている　be (t　　　　　) with drugs
宗教から離脱する　(b　　　　　) away from religion

5 さえぎる
会議を邪魔する　(i　　　　　) the meeting
逃走経路を断つ　(c　　　　　) off an escape route

ANSWERS

❶ cut　❷ give, quit　❸ kill, committed, end　❹ cut, break, break, sever, disconnect, dissociate, through, break　❺ interrupt, cut

達する

1 至る
- **reach** 到着する、届く
- **arrive** （結論・合意・時期などに）到達する
- **attain** （場所・年齢などに）到達する
- **get to** （場所に）到着する
- **strike** （光・音が目・耳に）達する
- **get at** 手を届かせる

2 数量が及ぶ
- **amount** 総計〜に達する
- **reach** 及ぶ
- **attain** （年齢・身長などに）達する
- **come to** （年齢に）達する
- **hit** （数値を）記録する
- **number** 総計〜の数になる
- **run into** （金額などが）〜に達する
- **run up** （金額などに）達する

3 達成する
- **accomplish** （仕事などを努力によって）完成させる
- **gain** （相当の努力によって目的を）達成する
- **attain** （大きな目的・望みを）達成する
- **reach** （目標・段階・場所などに）到達する
- **achieve** （努力・勇気などにより特定の目的を）達成する
- **realize** （計画・希望などを）実現する

具体的に「ある場所に達する場合」と、抽象的に「目標・目的を達する場合」に大きく分けた。reachとattainは両方の意味で使われる。

YOUR TURN!

1 至る

町の中心に達する　（r　　　　　） the center of the town
合意に達する　（a　　　　　） at a consensus
山の頂上に到達する　（a　　　　　） the top of the mountain
目的地に達する　（g　　　　　） to one's destination
その音は私の耳に達した。　The sound (s　　　　　) my ear.
天井に手が届く　（g　　　　　） at the ceiling

2 数量が及ぶ

100万円に達する　（a　　　　　） to one million yen
20％以上に及ぶ　（r　　　　　） more than 20%
100歳に達する　（a　　　　　） the age of 100
老齢に達する　（c　　　　　） to old age
日本新記録を出す　（h　　　　　） a new Japanese record
2000人に達する　（n　　　　　） two thousand people
彼の借金は30万円に達した。
　His debt (r　　　　　) into three hundred thousand yen.
経費は1000万円に達した。　The cost (r　　　　　) up to ten million yen.

3 達成する

仕事を完成させる　（a　　　　　） one's task
目標に到達する　（g　　　　　） one's end
夢を達成する　（a　　　　　） one's dream
販売目標に達する　（r　　　　　） a sales target
ノルマを達成する　（a　　　　　） one's quota
理想を実現する　（r　　　　　） one's ideal

ANSWERS

❶ reach, arrive, attain, get, struck, get　❷ amount, reach, attain, come, hit, number, ran, ran　❸ accomplish, gain, attain, reach, achieve, realize

立てる

1 まっすぐに立てる
- **stand** （人・物などを）立たせる
- **raise** （倒れた人・物などを）起こす
- **put up** （掲示などを）掲げる
- **set up** （柱・像などを）立てる
- **erect** 直立させる

2 設定する
- **plan** 計画を立てる
- **devise** 工夫する
- **budget** 予算を立てる

3 生計を立てる
- **earn** （生計を）立てる
- **subsist** （乏しい食料・金などで）生きてゆく
- **set up** （〜として）身を立てる

4 権威を保たせる
- **keep 〜 in countenance** （人の）顔を立てる

5 声や音などを立てる・生じさせる
- **roar** （車・飛行機などが）轟音を立てる
- **crash** （突然）大きな音を立ててぶつかる
- **raise** （風などがほこりを）巻き上げる
- **make** （音などを）立てる
- **smoke** （湯気・煙などを）出す
- **steam** 蒸気を出す
- **reek** 悪臭を放つ

具体的に「物を立てる場合」と抽象的に「計画・生計などを立てる場合」と「音などを立てる場合」に三分した。「人の顔を立てる」のは物理的な話ではないので、第2グループに分類した。

YOUR TURN!

1 まっすぐに立てる

ろうそくを立てる　(s　　　　　) candles
子供を起こす　(r　　　　　) the child
看板を立てる　(p　　　　　) up a signboard
記念碑を立てる　(s　　　　　) up a monument
テント用支柱を立てる　(e　　　　　) a tent pole

2 設定する

夏休みの計画を立てる (p　　　　　) for the summer vacation
二酸化炭素を除去する方法を工夫する　(d　　　　　) a way of removing CO_2
車を買う予算を立てる　(b　　　　　) for buying a car

3 生計を立てる

書くことで生計を立てる　(e　　　　　) one's living by writing
小麦粉と水で生きてゆく　(s　　　　　) on flour and water
医者として身を立てる　(s　　　　　) up as a doctor

4 権威を保たせる

友人の顔を立てる　keep one's friend in (c　　　　　)

5 声や音などを立てる・生じさせる

ジェット戦闘機が轟音を立てて通り過ぎた。　A jet fighter (r　　　　　) past.
大きな音を立てて建物に衝突する　(c　　　　　) into the building
砂煙を立てる　(r　　　　　) a cloud of dust
大きな音を立てる　(m　　　　　) a loud noise
煙突から煙が立っている。　The chimney is (s　　　　　).
スープから湯気が立っている。　The soup is (s　　　　　).
腐った牛乳の臭いがする　(r　　　　　) of spoiled milk

ANSWERS

❶ stand, raise, put, set, erect　❷ plan, devise, budget　❸ earn, subsist, set
❹ countenance　❺ <u>roared</u>, crash, raise, make, <u>smoking</u>, <u>steaming</u>, reek

注意する

1 神経を集中する
- **notice** 注意を向ける
- **note** 注目する
- **regard** 注視する
- **attend** （人の言うことを）注意して聞く
- **heed** 留意する
- **observe** 注目する
- **take notice** 関心を持つ
- **pay attention** 注意を払う

2 警戒する
- **mark** 気をつける
- **mind** 警戒する
- **take care** （〜するように）気をつける
- **beware** 用心する
- **look after** 気をつける
- **be careful** （ミスをしないように）注意を払う
- **watch** 見張る

3 忠告する
- **warn** 警告を与える
- **caution** （危険に巻き込まれないよう用心せよと）警告を与える
- **point out** 指摘する
- **advise** 忠告する

「神経を集中して何かに注意する場合」と「人に注意を与える場合」に分けて考えた。attendは「出席する」だが、attend toだと「〜の言うことを注意して聞く」という意味になる。

YOUR TURN!

1 神経を集中する

人の外観に注意する　(n　　　　　) a person's appearance
彼が幼いことに注意する　(n　　　　　) that he is young
彼女を好奇の目で見つめる　(r　　　　　) her with curiosity
講師の言うことを注意して聞く　(a　　　　　) to the lecturer
彼の警告に留意しなければならない　must (h　　　　　) his warning
人の才能に目を留める　(o　　　　　) a person's talent
古い建築物に関心を持つ　take (n　　　　　) of the old architecture
情報に注意する　pay (a　　　　　) to the information

2 警戒する

私の言うことに気をつけなさい。　(M　　　　　) what I say.
足元に注意しなさい。　(M　　　　　) your step.
風邪をひかないように気をつける　take (c　　　　　) not to catch a cold
スリに用心する　(b　　　　　) of pickpockets
健康に気をつける　(l　　　　　) after one's health
ガラスを傷つけないように注意を払う
　be (c　　　　　) not to damage the glass
手荷物に注意する　(w　　　　　) one's baggage

3 忠告する

安全に運転するよう人々に警告する　(w　　　　　) people to drive carefully
お酒を飲み過ぎないようにと人に警告する
　(c　　　　　) a person not to drink too much
人の弱点を指摘する　(p　　　　　) out a person's defects
同じ過ちを繰り返さないように忠告する
　(a　　　　　) not to make the same mistake

ANSWERS

❶ notice, note, regard, attend, heed, observe, notice, attention　❷ Mark, Mind, care, beware, look, careful, watch　❸ warn, caution, point, advise

通じる

1 道などがつながる
- **lead** 至る
- **run** （乗り物が）走る
- **open** （部屋などが～に）通じている
- **communicate** （部屋などが～に）通じている
- **lead up to** （階段などが）～へ通じる
- **go** 至る

2 電話などが通じる
- **get through** 電話が通じる

3 理解される
- **communicate** 話が通じ合う
- **get through** 自分の言うことをわからせる
- **get across** （話が聴衆などに）理解される
- **be understood** 理解される

4 精通する
- **be well-informed** 事情に通じている
- **be wise** 博識である
- **know a thing or two** 多少知っている
- **know what one is about** 実情によく通じている
- **be familiar (with)** （～に）詳しい

「道などが通じる場合」と「話が通じる場合」に大別した。後者は、さらに「物事に通じている・精通している」という意味に発展する。

YOUR TURN!

1 道などがつながる

エジンバラ城に通じる (l) to Edinburgh Castle
東京と名古屋間を運行している (r) between Tokyo and Nagoya
そのドアは階段に通じている。 The door (o) to a staircase.
広いダイニングルームに通じている。(c) with the large dining room
階段はホールに通じている。 The staircase (l) up to the hall.
この道は教会に至る。 This road (g) to the church.

2 電話などが通じる

会社と電話が通じる (g) through to one's office

3 理解される

言葉なしに意思を通じ合う (c) without words
生徒に自分の言うことをわからせる (g) through to the students
聴衆に通じる (g) across to the audience
幼い子供たちに理解される be (u) by little children

4 精通する

日本文化に精通している be (w) about Japanese culture
科学のことならよく知っている be (w) in the ways of science
心理学を多少知っている (k) a thing or two about psychology
実情に通じるべきだ。 You should (k) what you are about.
野生動物に詳しい be (f) with wild animals

ANSWERS

❶ lead, run, <u>opens</u>, communicate, <u>leads</u>, <u>goes</u> ❷ get ❸ communicate, get, get, understood ❹ well-informed, wise, know, know, familiar

使う

1 道具などを使用する
- **use** （道具・場所などをある目的のために）用いる
- **make use of** （物を）利用する
- **handle** （道具などを）手で扱う
- **share** 共有する

2 交通手段などを利用する
- **take** （交通手段を）利用する

3 人を使う
- **use** 起用する
- **employ** （賃金を払って）雇用する
- **try out** 試験的に使ってみる

4 頭などを使う
- **use** （能力などを）働かせる
- **practice** （魔法などを）使う

5 消費する
- **spend** （金を）使う
- **use** 消費する
- **waste** （金・時間などを）むだに使う
- **invest** 投資する
- **get through** （金などを）全部使う

「手段・道具として使う場合」と「お金や時間を使う場合」に大別した。useは最も一般的な単語で、「道具・人・能力・金」のいずれを使う場合にも用いられる。

YOUR TURN!

1 道具などを使用する
辞書を用いる　(u　　　　) a dictionary
古い木材を利用する　make (u　　　　) of old lumber
カメラを扱う　(h　　　　) a camera
部屋を共用する　(s　　　　) the room

2 交通手段などを利用する
バスを利用する　(t　　　　) a bus

3 人を使う
人をスポークスマンとして起用する　(u　　　　) a person as a spokesperson
20人の従業員を雇用する　(e　　　　) 20 workers
2週間試験的に使ってみる　(t　　　　) out for two weeks

4 頭などを使う
頭を働かせる　(u　　　　) one's brain
魔法を使う　(p　　　　) witchcraft

5 消費する
大金を使う　(s　　　　) a lot of money
電力を消費する　(u　　　　) electricity
テレビを見て時間を無駄に使う　(w　　　　) time on TV
全財産を不動産に投資する　(i　　　　) all one's money in real estate
お金を全部使う　(g　　　　) through all one's money

ANSWERS

❶ use, use, handle, share　❷ take　❸ use, employ, try　❹ use, practice　❺ spend, use, waste, invest, get

つかむ

1 握る
- **catch** （動いている物を捕らえて）つかむ
- **hold** 握っている（つかんでいるという状態を表す）
- **take** （動かない物を）手に取る
- **seize** （急に強引に）ぐいとつかむ
- **grasp** （手でしっかりと）握りしめる
- **grip** しっかりつかむ
- **clutch** つかんで離さない
- **grab** 奪い取るようにつかむ

2 手に入れる
- **get** 手に入れる
- **catch** （機会などを）とらえる
- **grasp** （機会などを）つかむ

3 理解する
- **grasp** （意味などを）理解する
- **get at** （真実などを）つかむ
- **understand** （人の言うこと・気持ちなどが）わかる

文字通り「物をつかむ場合」と「頭で理解する場合」に大別した。graspは「握りしめる」「機会などをつかむ」「意味をつかむ」のどのケースでも用いられる。

YOUR TURN!

1 握る

ボールをつかむ	(c　　　) the ball
花束を握っている	(h　　　) a bunch of flowers
紙を1枚手に取る	(t　　　) a piece of paper
ネコの首をつかむ	(s　　　) the cat by the neck
棒を握りしめる	(g　　　) a bar
ハンドルをしっかりつかむ	(g　　　) a handle
腕をつかんで離さない	(c　　　) a person's arm
ハンドバッグを奪い取る	(g　　　) a person's bag

2 手に入れる

富を手に入れる	(g　　　) a fortune
最後の機会をつかむ	(c　　　) the last chance
機会をつかむ	(g　　　) an opportunity

3 理解する

フレーズの意味を理解する	(g　　　) the meaning of the phrase
問題の真相をつかむ	(g　　　) at the truth of an issue
人の気持ちがわかる	(u　　　) a person's feelings

ANSWERS

❶ catch, hold, take, seize, grasp, grip, clutch, grab　❷ get, catch, grasp　❸ grasp, get, understand

103

つく

1 付着する
- stick　くっつく
- adhere　粘着する
- be stained　（汚れ・しみなどが）つく

2 備わる
- have　（物・事などを）有する
- attach　付随する

3 獲得する
- contract　（癖などが）つく
- accrue　（利子が）つく
- fall into　（悪い癖などが）つく
- gain　獲得する
- bear　（植物が）実を結ぶ

4 付き添う
- attend　（人に）付き添う
- follow　（〜のあとに）ついて行く
- stay　そばにいる

5 味方になる
- come over　〜の側につく

6 費用がかかる
- cost　（予想以上に）費用がかかる

7 点灯する
- catch fire　火がつく
- go on　（明かりが）つく

「何かに物が付着する場合」と「人のあとについて行く場合」と「費用が高くつく場合」の3つの意味グループに分けて考えた。

YOUR TURN!

1 付着する
歯にくっつく　(s　　　　) to one's teeth
指にくっつく　(a　　　　) to one's fingers
インクでしみがつく　be (s　　　　) with ink

2 備わる
その部屋はバス付きだ。　The room (h　　　　) a bathroom.
ガレージは家に付いている。　The garage is (a　　　　) to the house.

3 獲得する
悪い習慣がつく　(c　　　　) a bad habit
預金についた利子　the interest (a　　　　) to one's account
悪い習慣がつく　(f　　　　) into bad habits
体力がつく　(g　　　　) strength
実がたくさんつく　(b　　　　) a lot of fruit

4 付き添う
医者に付き添われている　be (a　　　　) by a doctor
私について来てください。　Please (f　　　　) me.
その犬は主人のそばについていた。　The dog (s　　　　) by its master's side.

5 味方になる
敵側につく　(c　　　　) over to the enemy side

6 費用がかかる
余分に100ドルかかる　(c　　　　) an extra 100 dollars

7 点灯する
山に火がついた。　The mountain (c　　　　) fire.
明かりがついた。　The light (w　　　　) on.

ANSWERS

❶ stick, adhere, stained　❷ has, attached　❸ contract, accrued, fall, gain, bear
❹ attended, follow, stayed　❺ come　❻ cost　❼ caught, went

105

作る

1 製造する・生産する
- **make** （物を材料で）作る
- **produce** （製品を材料から）製造する
- **manufacture** （機械で大規模に）造る
- **create** 創作する

2 建造する
- **build** （建物などを）建てる
- **construct** （大がかりな物を）建造する

3 栽培する
- **grow** （農作物を）栽培する
- **raise** （作物などを）育てる

4 調理する
- **make** （食事などを）作る
- **prepare** （食事の）用意をする
- **cook** （加熱して）調理する

5 組織する
- **organize** （団体などを）編成する
- **found** （資金を調えて会社・学校などを）設立する
- **establish** （政府・会社などを）創立する

6 時間や機会を見つける
- **have** （時間を）とる
- **find** （時間などを）見つける

7 財産や資金を作る
- **make** （金などを）得る
- **raise** （資金などを）調達する

「製品を作る場合」と「作物を作る場合」と「組織・時間・資金など抽象的なものを作る場合」に分けた。makeはどの意味グループにも共通で使われる基本語。

YOUR TURN!

1 製造する・生産する
テーブルを作る　(m　　　　　) a table
核兵器を製造する　(p　　　　　) nuclear weapons
コンピューターを製造する　(m　　　　　) computers
新しいコンピュータ・システムを創る　(c　　　　　) a new computer system

2 建造する
ホテルを建てる　(b　　　　　) a hotel
遊園地を建造する　(c　　　　　) an amusement park

3 栽培する
野菜を栽培する　(g　　　　　) vegetables
トマトを育てる　(r　　　　　) tomatoes

4 調理する
ピザを作る　(m　　　　　) pizza
夕食の準備をする　(p　　　　　) dinner
ビーフシチューを作る　(c　　　　　) beef stew

5 組織する
労働組合を編成する　(o　　　　　) a labor union
小学校を設立する　(f　　　　　) an elementary school
暫定政府を設立する　(e　　　　　) a provisional government

6 時間や機会を見つける
考える時間をとる　(h　　　　　) time to think
練習する時間を見つける　(f　　　　　) time to practice

7 財産や資金を作る
大金を得る　(m　　　　　) a lot of money
手術の資金を調達する　(r　　　　　) the funds for the operation

ANSWERS

❶ make, produce, manufacture, create　❷ build, construct　❸ grow, raise　❹ make, prepare, cook　❺ organize, found, establish　❻ have, find　❼ make, raise

CHART 045

つける

1 取り付ける
- **put** （物を位置に）取り付ける
- **fix** 固定する
- **attach** 付け加える
- **add** 加える

2 くっつける
- **attach** 貼り付ける
- **stick** 貼り付ける
- **spread** 薄く塗る
- **glue** 接着剤で付ける

3 尾行する
- **follow** （人の）あとに続く
- **tail** （人のすぐあとを）つける

4 記入する
- **keep** （日記・記録などを継続的に）つける
- **mark** 印をつける
- **check** 照合の印をつける

5 決める
- **bid** （競売・入札で）値をつける
- **settle** （問題などに）決着をつける

6 作動させる
- **light** 火をつける

7 習得する・獲得する
- **acquire** （能力・知識などを）身につける

「物理的に取り付ける場合」と「記録をつける場合」と「火や電源をつける場合」に三分した。知識などを「身につける」のは「火をつける」の延長上に置いてみた。

YOUR TURN!

1 取り付ける
壁に鏡を取り付ける　(p　　　　　) a mirror on the wall
棚を固定する　(f　　　　) the shelf
キーボードとマウスを付ける　(a　　　　　) a keyboard and a mouse
安全装置を付け加える　(a　　　　　) a safeguard

2 くっつける
写真を貼り付ける　(a　　　　) a picture
封筒に切手を貼る　(s　　　　) a stamp on an envelope
パンにバターを塗る　(s　　　　) butter on the toast
目と鼻をのり付けする　(g　　　　) the eyes and nose

3 尾行する
犬にあとをつけられる　be (f　　　　) by a dog
人々についていく　(t　　　　) after people

4 記入する
日記をつける　(k　　　　) a diary
知らない語に印をつける　(m　　　　　) the words which I don't know
正しい答えに印をつけなさい。　(C　　　　　) the correct answer.

5 決める
絵に高値をつける　(b　　　　) a high price for the painting
訴訟に決着をつける　(s　　　　) a lawsuit

6 作動させる
たばこに火をつける　(l　　　　) a cigarette

7 習得する・獲得する
3言語を身につける　(a　　　　) three languages

ANSWERS

❶ put, fix, attach, add　❷ attach, stick, spread, glue　❸ <u>followed</u>, tail　❹ keep, mark, Check　❺ bid, settle　❻ light　❼ acquire

109

伝える

1 知らせる
- **tell** 話す
- **inform** 知らせる
- **convey** （思想・感情などを）知らせる
- **communicate** （情報・意見などを）伝え合う
- **report** （新聞などが）報道する
- **give** （情報・真相などを）伝える
- **deliver** （伝言などを）伝える
- **send** 発信する
- **notify** 通知する

2 伝承する
- **pass** （次に）渡す
- **bequeath** （後世に）残す
- **transmit** 遺伝させる
- **bring down** （物を後世に）伝える
- **teach** 教える
- **hand down** 子孫に残す

3 伝導する
- **conduct** （金属が熱・電気などを）伝える
- **convey** （音・電気などを）伝える
- **propagate** （音・振動などを）伝える
- **transmit** （熱・電気などを）通す

「情報を相手に伝える場合」と「ノウハウなどを伝授する場合」に二分し、「熱・電気・音などの媒体を通して伝える場合」を後者の延長上に置いた。

YOUR TURN!

1 知らせる

彼に私のメッセージを伝えてください。 Please (t   ) him my message.
人にニュースを知らせる　(i   ) a person of the news
気持ちを知らせる　(c   ) one's feelings
英語で意思を伝え合う　(c   ) in English
交通事故を報道する　(r   ) the traffic accident
間違った情報を伝える　(g   ) false information
希望のメッセージを伝える　(d   ) a message of hope
Eメールで伝える　(s   ) by e-mail
すぐに先生に知らせる　(n   ) one's teacher immediately

2 伝承する

伝統を伝える　(p   ) on the tradition
財産を後継者に残す　(b   ) a fortune to one's successor
息子に遺伝する　be (t   ) to one's son
話を伝える　(b   ) down the story
方法を伝える　(t   ) one's method
娘に財産を残す　(h   ) down property to one's daughter

3 伝導する

鉄は電気を通す。　Iron (c   ) electricity.
空気は音を伝える。　Air (c   ) sound.
音波を伝える　(p   ) sound waves
熱を伝える　(t   ) heat

ANSWERS

❶ tell, inform, convey, communicate, report, give, deliver, send, notify　❷ pass, bequeath, <u>transmitted</u>, bring, teach, hand　❸ <u>conducts</u>, <u>conveys</u>, propagate, transmit

続く

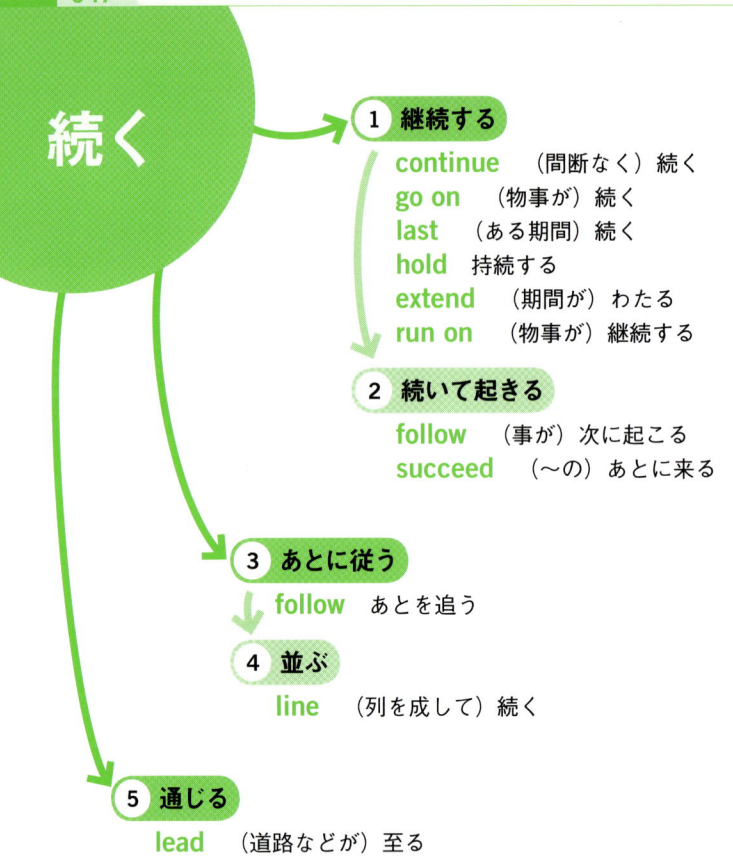

1 継続する
- continue （間断なく）続く
- go on （物事が）続く
- last （ある期間）続く
- hold 持続する
- extend （期間が）わたる
- run on （物事が）継続する

2 続いて起きる
- follow （事が）次に起こる
- succeed （〜の）あとに来る

3 あとに従う
- follow あとを追う

4 並ぶ
- line （列を成して）続く

5 通じる
- lead （道路などが）至る
- continue （道路などが）続く

「途切れることなく続く場合」と「何かのあとに続く場合」と「道がある場所に通じる場合」に三分して考えた。第1グループには、「状態が続く場合」と「動作が続く場合」が含まれる。

YOUR TURN!

1 継続する

雨は2日続いた。　The rain (c　　　　　) for two days.
話し続ける　(g　　　　　) on speaking
会議は1時間続いた。　The meeting (l　　　　　) for an hour.
1分間の沈黙が続いた。　A minute's silence was (h　　　　　).
長い期間にわたる　(e　　　　　) for a long time
講義は2時間続いた。　The lecture (r　　　　　) on for two hours.

2 続いて起きる

別の問題が続く。　Another trouble (f　　　　　).
戦争が終わり恐慌が続いた。　The war ended and a panic (s　　　　　).

3 あとに従う

レポーターたちが空港へと彼のあとを追った。
　Reporters (f　　　　　) him to the airport.

4 並ぶ

通りには車が並んでいる。　The street is (l　　　　　) with cars.

5 通じる

日本橋に至る　(l　　　　　) to Nihonbashi
100キロ続く　(c　　　　　) for 100 kilometers

ANSWERS

1 <u>continued</u>, go, <u>lasted</u>, <u>held</u>, extend, <u>ran</u>　**2** <u>follows</u>, <u>succeeded</u>　**3** <u>followed</u>
4 <u>lined</u>　**5** lead, continue

詰める

1 詰めてふさぐ
- plug　（穴などを）ふさぐ

2 押し込む
- stuff　（物を無造作に）詰め込む
- cram　ぎっしり詰める
- package　（容器などに）詰める
- box　箱に入れる
- bottle　瓶に詰める
- fill　（容器などを）いっぱいにする
- pack　（荷物を隙間なく）詰める
- jam　（狭い場所にぎっしり）押し込む

3 間を狭める
- pass along　（乗り物で）奥に詰める
- move over　席を詰める
- close up　（列を）詰める

4 短くする
- shorten　（物を）短くする
- take up　（丈を）詰める
- take in　（服の寸法を）詰める

5 チェスで詰める
- checkmate　（相手のキングを）詰める

「空間を何かでいっぱいにする場合」と「何かを短くする場合」に二分した。最後に「チェスで詰める場合」を加えた。checkmateは「相手の計画などを行き詰まらせる」という意味でも使われる。

YOUR TURN!

1 詰めてふさぐ
穴を粘土でふさぐ　(p　　　　　) the hole with clay

2 押し込む
トマトにツナサラダを詰める　(s　　　　　) a tomato with tuna salad
鞄に衣類をぎっしり詰める　(c　　　　　) clothes into one's bag
チョコレートを箱に詰める　(p　　　　　) chocolates in a box
このリンゴを箱に入れていただけますか？　Will you (b　　　　　) these apples?
ピクルスを瓶に詰める　(b　　　　　) pickles
瓶に塩をいっぱい入れる　(f　　　　　) the bottle with salt
スーツケースに荷物を詰める　(p　　　　　) one's suitcase
クローゼットに衣類を押し込む　(j　　　　　) clothes into the closet

3 間を狭める
乗客は奥に詰めなかった。The passengers didn't (p　　　　　) along.
乗客は席を詰めた。　The passengers (m　　　　　) over.
生徒たちは列を詰めるように言われた。
　　The students were told to (c　　　　　) up the line.

4 短くする
スカートの丈を詰めてもらう　have one's skirt (s　　　　　)
ひもの長さを詰める　(t　　　　　) up the length of the string
スーツの胴まわりを詰める　(t　　　　　) in the suit at the waist

5 チェスで詰める
キングを詰めると勝ちだ。　You will win if you (c　　　　　) the king.

ANSWERS

① plug　② stuff, cram, package, box, bottle, fill, pack, jam　③ pass, <u>moved</u>, close
④ <u>shortened</u>, take, take　⑤ checkmate

できる

1 可能である
- can　可能である
- be able to　〜することができる
- be capable of　〜する能力がある
- be possible　（物事が）可能である

2 成績がよい
- bright　形 頭のよい
- clever　形 頭のよい
- excellent　形 優れた
- brilliant　形 才気あふれた
- be good at　〜がうまい
- be skillful　熟練している
- be competent　有能である

3 完成する
- finish　やり終える
- be ready　用意ができる
- be completed　完成する

4 作られる
- crop　（作物が）できる
- open　（店が）できる
- be built　（建物が）できる
- be established　設立される
- be made　（物が）できる

5 生じる
- break out　（にきびなどが）できる

「理論上可能な場合」と「実際に能力を発揮している場合」と「何かができ上がった場合」に分けた。可能性としての「できる」と、現実に「できる」とは区別する必要がある。

YOUR TURN!

1 可能である

私は車の運転ができる。　I (c　　　　　) drive.
彼女に会うことができるだろう　will be (a　　　　　) to see her
フランス語を話す能力がある　be (c　　　　　) of speaking French
実現可能である。　It is (p　　　　　) to realize.

2 成績がよい

よくできる生徒　a (b　　　　　) student
頭のよい選手　a (c　　　　　) player
優れた人材　an (e　　　　　) staff
才気あふれる小説家　a (b　　　　　) novelist
泳ぐのがうまい　be (g　　　　　) at swimming
ピアノの演奏に熟練している　be (s　　　　　) at playing the piano
争い事を解決する能力に長けている　be (c　　　　　) to settle disputes

3 完成する

仕事は終わりましたか。　Have you (f　　　　　) your work?
もう出発の用意ができました。　I'm (r　　　　　) to go now.
橋は1997年に完成した。　The bridge was (c　　　　　) in 1997.

4 作られる

豆がよくできた。　The beans (c　　　　　) well.
新しいパン屋ができた。　A new bakery has (o　　　　　).
あの家は昨年できた。　That house was (b　　　　　) last year.
監査委員会が設立された。　A compliance committee was (e　　　　　).
大理石でできている　be (m　　　　　) of marble

5 生じる

吹き出物ができた。　A pimple has (b　　　　　) out.

ANSWERS

❶ can, able, capable, possible　❷ bright, clever, excellent, brilliant, good, skillful, competent　❸ <u>finished</u>, ready, completed　❹ <u>cropped</u>, <u>opened</u>, built, established, made　❺ <u>broken</u>

117

出る

1 外へ出る
- go out　外出する
- come out　（中から）出ていく
- get out　出ていく

2 突き出る
- stick out　突き出る、目立つ

3 流れ出る
- run　（液体が）流れ出る
- discharge　（煙などを）吐き出す

4 出発する
- leave　（場所を）去る
- depart　（～から）出発する
- start　（～へ）出発する

5 由来する
- come from　～の出である

6 卒業する
- graduate　卒業する
- finish　修了する

7 出席する・姿を現す
- turn up　姿を現す
- attend　（義務的に）出席する
- be present　出席している
- run　立候補する

「ある範囲内から外に出る場合」と「ある地点から出発する場合」と「顔を出す場合」に分けて考えた。runは「流れ出る」と「立候補する」の2つの意味で取り上げている。

YOUR TURN!

1 外へ出る
散歩に出る　(g　　　　) out for a walk
暗闇から出てくる　(c　　　　) out from the darkness
車から出る　(g　　　　) out of the car

2 突き出る
彼の腹は出ている。　His stomach (s　　　　) out.

3 流れ出る
水を出したままにする　leave the water (r　　　　)
煙を出す　(d　　　　) smoke

4 出発する
家を出る　(l　　　　) one's home
朝早くホテルを出発する　(d　　　　) from the hotel early in the morning
ニューヨークへ向けて出発する　(s　　　　) for New York

5 由来する
王家の出である　(c　　　　) from a royal family

6 卒業する
東京大学を卒業する　(g　　　　) from Tokyo University
高校を卒業する　(f　　　　) high school

7 出席する・姿を現す
毎日姿を現す　(t　　　　) up every day
年次大会に出席する　(a　　　　) the annual assembly
式典に出席している　be (p　　　　) at the ceremony
選挙に立候補する　(r　　　　) in the election

ANSWERS

① go, come, get　② sticks　③ running, discharge　④ leave, depart, start　⑤ come
⑥ graduate, finish　⑦ turn, attend, present, run

119

通す

1 通過させる
- **pass** 合格させる、可決する
- **force** （議案などを）無理やり通す
- **put through** （法案などを）通過させる

2 案内する
- **show** （場所へ）案内する
- **let ～ into …** （人を）…へ入れる
- **send in** （人を）招き入れる

3 貫く・～し続ける
- **go through with** （事を）やり通す
- **wade** （苦労して）やり通す
- **stick to** （決心・意見などに）固執する
- **keep** ～し続ける
- **remain** ～のままでいる

4 光・熱・水などを通す
- **carry** （管などが水を）通す
- **transmit** （熱・電気などを）伝導する
- **let in** （靴などが）水を通す
- **conduct** （熱・電気などを）伝導する

5 貫通する
- **thread** （針などに）糸を通す
- **string** （ビーズなどを）糸に通す
- **run** （穴に糸などを）通す
- **lace** （ひもなどを）通す
- **ventilate** （風などを）通す

「人や事案を通過させる場合」と「ある行為をやり通す場合」と「ものを物理的に通す場合」に三分してある。transmitには「伝導する」以外に「病気を移す、知識を伝える」などの意味もある。

YOUR TURN!

1 通過させる
議案をすべて可決する　(p　　　　　) all the bills
国会で法案を強行採決する　(f　　　　　) the bill through Congress
法案を通過させる　(p　　　　　) the bill through

2 案内する
礼拝堂に案内される　be (s　　　　　) into the chapel
客を家に入れる　(l　　　　　) the guest into one's house
男を招き入れる　(s　　　　　) in the man

3 貫く・〜し続ける
その計画全体をやり通す　(g　　　　　) through with the whole plan
仕事を苦労してやり通す　(w　　　　　) through the task
自分のやり方を通す　(s　　　　　) to one's way
中国語の勉強を続ける　(k　　　　　) studying Chinese
黙り通す　(r　　　　　) silent

4 光・熱・水などを通す
水を通す　(c　　　　　) water
電気を通す　(t　　　　　) electricity
くつに水がしみた。My shoes have (l　　　　　) in the water.
金属はふつう熱を伝える。Metals generally (c　　　　　) heat.

5 貫通する
パイプに針金を通す　(t　　　　　) wire through a pipe
真珠を糸に通す　(s　　　　　) some pearls
穴にひもを通す　(r　　　　　) a string through the hole
穴にロープを通す　(l　　　　　) a rope through the hole
バスルームに風を通す　(v　　　　　) the bathroom

ANSWERS

❶ pass, force, put　❷ shown〔showed〕, let, send　❸ go, wade, stick, keep, remain
❹ carry, transmit, let, conduct　❺ thread, string, run, lace, ventilate

通る

1 通過する
- pass （人・車などが）通り過ぎる
- ride （乗り物に）乗って行く
- shoot （人・車などが）勢いよく通る
- sweep さっと通る
- go by （人が）通り過ぎる
- go through 通り抜ける

2 突き抜ける
- penetrate （物が）貫通する
- filter （水などが）しみ出る

3 合格する
- pass （試験などに）合格する
- get by （検閲などを）通る

4 通用する
- pass （～として）認められる

5 一貫する
- cohere （論理などが）首尾一貫する
- connect （論理的に）つながる
- add up （話などが）つじつまが合う

「長いものの中を通る場合」と「試験などの関門を通過する場合」と「論理的に筋道が通っている場合」の3つに分けて考えた。

YOUR TURN!

1 通過する
バスは橋を通り過ぎた。 The bus (p　　　) the bridge.
自転車に乗って学校へ行く　(r　　　) a bike to school
急流をボートで通る　(s　　　) the rapids in a boat
崖のそばをさっと通る　(s　　　) along the cliff
人々が通り過ぎた。 People (w　　　) by.
台所を通り抜ける　(g　　　) through the kitchen

2 突き抜ける
弾丸が彼の頭を貫通した。 A bullet (p　　　) his head.
栓から水がしみ出た。 Water (f　　　) through the tap.

3 合格する
司法試験に合格する　(p　　　) the bar examination
なんとかテストに通る　(g　　　) by on the test

4 通用する
貨幣として通用する　(p　　　) as money

5 一貫する
彼の理論は首尾一貫していない。 His theory doesn't (c　　　).
彼の話は彼女の話とつながる。 His story (c　　　) with hers.
君の理論はつじつまが合う。 Your theory (a　　　) up.

ANSWERS

❶ <u>passed</u>, ride, shoot, sweep, <u>went</u>, go　❷ <u>penetrated</u>, <u>filtered</u>　❸ pass, get　❹ pass
❺ cohere, <u>connects</u>, <u>adds</u>

解く

1 ほどく
- untie　（結んだ物などを）ほどく
- unpack　荷を解く
- unwrap　（包みなどを）開ける
- loose　（結び目を）解く
- unbind　（包帯などを）ほどく
- undo　（ひもなどを）ゆるめる

2 解除する
- release　（任務などから）解く
- raise　（封鎖・禁止などを）解く

3 答えを出す
- answer　（問題などを）解く
- solve　（問題などを）解く
- unravel　（難問などを）解明する
- break　（暗号などを）解読する
- read　（記号などを）解読する
- riddle　謎を解く
- work out　（問題などを）苦労して解く

4 わだかまりをなくす
- clear up　（疑い・誤解などを）晴らす
- straighten out　（面倒などを）解決する

「物理的に結んであるものを解く場合」と「問題を解く場合」に分けて考えた。「任務から解く場合」は「縛りをなくす」ということなので、第1グループに入れた。

YOUR TURN!

1 ほどく

ひもをほどく　　　　　　(u　　　　　　) the string
到着した荷物をあける　　(u　　　　　　) the arrived package
贈り物を開ける　　　　　(u　　　　　　) the present
靴ひもをほどく　　　　　(l　　　　　　) shoe strings
リボンをほどく　　　　　(u　　　　　　) the ribbon
結び目を解く　　　　　　(u　　　　　　) the knot

2 解除する

人を仕事から解放する　　　(r　　　　　　) a person from work
観光旅行の禁止令を解く　　(r　　　　　　) the ban on tourist travel

3 答えを出す

問題を解く　　　　　　　　　　(a　　　　　　) a problem
謎を解く　　　　　　　　　　　(s　　　　　　) a riddle
宇宙の謎を解明する　　　　　　(u　　　　　　) a cosmic mystery
遺伝暗号を解読する　　　　　　(b　　　　　　) a genetic code
壁に書かれた古代文字を解読する　(r　　　　　　) ancient characters on the wall
この謎を解いてごらん。　　　　(R　　　　　　) me this.
平方根を解く　　　　　　　　　(w　　　　　　) out a square root

4 わだかまりをなくす

問題を解決する　　(c　　　　　　) up the trouble
混乱を解決する　　(s　　　　　　) out the confusion

ANSWERS

❶ untie, unpack, unwrap, loose, unbind, undo　❷ release, raise　❸ answer, solve, unravel, break, read, Riddle, work　❹ clear, straighten

CHART 054

整える（調える）

1　用意する
prepare　（物を）用意する
get ready　準備する
arrange　手はずを調える
make　（食事などを）用意する
set up　（物事を）準備する

2　調達する
buy　買う
purchase　購入する
supply　供給する

3　きちんとする
tidy up　整頓する
fix　（服装などを）きちんとする
adjust　（衣服などを）整える
equip　身支度をする
arrange　整理する
put 〜 in order　（物を）整頓する
straighten up　きちんと整理する

4　調整する
condition　コンディションを調整する
season　味付けをする
coordinate　調和させる

5　まとめる
arrange　（商談などを）まとめる

「手元にないものを調達する」という意味と、「すでに手元にあるものを整理・調整する」という意味に二分した。arrangeは両方の意味にまたがって使われる動詞である。

YOUR TURN!

1 用意する

授業の用意をする　(p　　　) for one's classes
会議の準備をする　get (r　　　) for the meeting
旅行の細かい手はずを調える　(a　　　) the details of one's trip
食事を用意する　(m　　　) a meal
歓迎会を準備する　(s　　　) up a welcome party

2 調達する

キャンプ用品を買う　(b　　　) camping equipment
ＤＶＤのセットを購入する　(p　　　) a set of DVDs
仮設住宅を供給する　(s　　　) temporary housing

3 きちんとする

部屋を整頓する　(t　　　) up a room
髪を整える　(f　　　) one's hair
ネクタイを整える　(a　　　) one's tie
旅の身支度をする　(e　　　) oneself for a trip
棚に本をきちんと並べる　(a　　　) books on the shelf
本を整頓する　put the books in (o　　　)
おもちゃを片づける　(s　　　) up the toys

4 調整する

体のコンディションを調整する　(c　　　) one's body
塩と胡椒で味付けをする　(s　　　) with salt and pepper
家具を調和させる　(c　　　) furniture

5 まとめる

契約をまとめる　(a　　　) a bargain

ANSWERS

❶ prepare, ready, arrange, make, set　❷ buy, purchase, supply　❸ tidy, fix, adjust, equip, arrange, order, straighten　❹ condition, season, coordinate　❺ arrange

止める

1 停止させる
- stop （動いているものを）停止させる
- pull up （車を）止める
- draw up 車を止める
- cut off （ガス・電気などの供給を）止める
- stall （車などに）エンストを起こさせる
- turn off （水道・ガスなどを）止める

2 止血する
- stanch 出血を止める

3 制止する
- stop 中止する
- prevent 〜するのを妨げる
- check （力ずくで動きなどを）阻止する
- stifle （笑い声・感情などを）抑える
- suppress 抑制する

4 固定する
- fix （物を）しっかり固定する
- clasp （物を）留め金で留める
- bolt ボルトで留める
- pin ピンで留める
- buckle （ベルトなどを）留め金で留める

5 心に留める
- keep 〜 in mind （事を）心に留めておく
- lay 〜 to heart （事を）心に留める
- lay eyes on 〜に目を留める

「運動を止める場合」と「しっかり固定する場合」に分けた。2番目の「どこかにしっかり固定する場合」の中に「心に留める」を含めた。

YOUR TURN!

1 停止させる

エスカレーターを停止させる　(s　　　　　) the escalator
車を止める　(p　　　　　) up the car
運転手は交差点で車を止めた。　The driver (d　　　　　) up at the crossroads.
ガソリンの供給を止める　(c　　　　　) off gas supply
スタートで車がエンストを起こす　(s　　　　　) one's car at the start
水道を止める　(t　　　　　) off the water

2 止血する

傷の出血を止める　(s　　　　　) one's wound

3 制止する

計画を中止する　(s　　　　　) the project
病気が広がるのを妨げる　(p　　　　　) the disease from spreading
外来種の侵入を阻止する　(c　　　　　) the invasion of foreign species
笑いをこらえる　(s　　　　　) giggles
感情を抑制する　(s　　　　　) one's emotions

4 固定する

カメラを固定する　(f　　　　　) the camera
鎖を留め金で留める　(c　　　　　) the chain
木の板をボルトで留める　(b　　　　　) a wooden plate
青いリボンをピンで留める　(p　　　　　) a blue ribbon
ベルトをバックルで留める　(b　　　　　) a belt

5 心に留める

そのことを心に留めておく　(k　　　　　) the matter in mind
言葉を心に留める　(l　　　　　) one's words to heart
その子に目を留める　(l　　　　　) eyes on the child

ANSWERS

1 stop, pull, <u>drew</u>, cut, stall, turn　**2** stanch　**3** stop, prevent, check, stifle, suppress
4 fix, clasp, bolt, pin, buckle　**5** keep, lay, lay

取り上げる

1 手に取る
- pick up　拾い上げる
- take up　持ち上げる

2 出産を助ける
- bring ~ into the world　（助産師などが）子供を取り上げる

3 考慮する・採用する
- take up　（問題などを）取り上げる
- pick up　（話題などを）取り上げる
- take　（事例などを）あげる
- consider　考慮する
- accept　受け入れる
- adopt　採用する

4 奪う
- confiscate　押収する
- dispossess　（法律に基づいて財産などを）取り上げる
- oust　（地位などから）追放する
- disarm　（武器を）取り上げる
- take away　持ち去る
- deprive　（地位・財産などを）取り上げる
- disqualify　（資格などを）取り上げる
- cancel　無効にする

「物理的に拾い上げる場合」と問題などを「採用する場合」と「何かから一部を取り上げる場合」すなわち「奪う場合」に三分した。

YOUR TURN!

1 手に取る
硬貨を拾う　(p　　　　) up a coin
辞書を手に取る　(t　　　　) up a dictionary

2 出産を助ける
彼女の息子を取り上げる　(b　　　　) her son into the world

3 考慮する・採用する
その問題を取り上げる　(t　　　　) up the issue
そのニュースを取り上げる　(p　　　　) up the news
教科書から例をあげる　(t　　　　) examples from textbook
彼の場合を考慮する　(c　　　　) his case
意見を受け入れる　(a　　　　) one's opinion
企画を採用する　(a　　　　) one's plan

4 奪う
違法ドラッグを押収する　(c　　　　) illegal drugs
財産を取り上げる　(d　　　　) property
王を追放する　(o　　　　) the king
警察の武装を解除する　(d　　　　) the police
武器を取り上げる　(t　　　　) away one's weapon
権利を取り上げる　(d　　　　) a person of rights
弁護士の資格を取り上げる　(d　　　　) the attorney
予約を取り消す　(c　　　　) one's reservation

ANSWERS

❶ pick, take　❷ bring　❸ take, pick, take, consider, accept, adopt　❹ confiscate, dispossess, oust, disarm, take, deprive, disqualify, cancel

取る

1 手に持つ
- **take** 手に取る
- **reach** （手を伸ばして物を）取る

2 得る・捕獲する
- **get** 手に入れる
- **capture** 獲得する
- **obtain** （努力して）獲得する
- **win** （賞などを）受ける
- **receive** 受け取る

3 記録する・写真を撮る
- **note** 書き留める
- **write down** 書き留める
- **take** （写真を）撮る

4 予約する
- **reserve** 予約する

5 除去する
- **remove** （物を）取り去る
- **take off** 取り外す
- **get rid of** 除去する

6 奪う
- **rob** （人から金・物を）奪う
- **take away** 取り上げる

7 必要とする
- **take** （時間などを）必要とする
- **occupy** （時間を）取る

「自分の側に取り込む場合」と「別の場所に取り去る場合」に分けた。最後に、「時間を取る（必要とする）」という表現を加えた。

YOUR TURN!

1 手に持つ
ペンを手に取る　(t　　　　　) a pen
棚の上の箱を取る　(r　　　　　) the box on the shelf

2 得る・捕獲する
大金を手に入れる　(g　　　　　) a lot of money
ほうびを得る　(c　　　　) a reward
キャリアを獲得する　(o　　　　　) the career
1等賞を取る　(w　　　　) the first prize
返事を受け取る　(r　　　　) an answer

3 記録する・写真を撮る
電話番号を書き留める　(n　　　　　) the telephone number
本の題名を書き留める　(w　　　　　) down the title of the book
写真を撮る　(t　　　　) a picture

4 予約する
テーブルを2つ予約する　(r　　　　　) two tables

5 除去する
泥汚れを取る　(r　　　　　) mud stains
インクカートリッジを取り外す　(t　　　　) off the ink cartridge
蚊を駆除する　get (r　　　　) of mosquitoes

6 奪う
有り金をすべて奪う　(r　　　　) all the money
人からナイフを取り上げる　(t　　　　　) away a knife from a person

7 必要とする
自転車の修理に1時間かかった。　It (t　　　　) an hour to repair the bike.
長い時間がかかる　(o　　　　) a lot of time

ANSWERS

1 take, reach　**2** get, capture, obtain, win, receive　**3** note, write, take　**4** reserve　**5** remove, take, rid　**6** rob, take　**7** <u>took</u>, occupy

133

直す（治す）

1 修理する
- **repair** （物を専門的な技術で）修理する
- **mend** （傷んだ衣類などを）直す
- **fix** （物を）修理する

2 訂正する
- **correct** （誤りなどを）訂正する
- **repair** （誤り・不正などを）正す
- **mend** （行儀などを）改める
- **rectify** 改正する

3 治療する
- **cure** （病気を）治療する
- **heal** （傷・けがを）治す
- **remedy** （病気・負傷などの）治療をする
- **help** （苦痛などを）和らげる

4 整える
- **patch up** （けんかなどを）収める
- **come around** 機嫌を直す

5 翻訳する
- **translate** 翻訳する

言うまでもなく「物を直す場合」と「体を治す場合」に大きく分けられる。「物を直す場合」の延長上に、④の「整える」と⑤の「翻訳する」の2つが考えられる。

YOUR TURN!

1 修理する
コンピューターを修理する　(r　　　　　) the computer
破れたジーンズを直す　(m　　　　　) one's torn jeans
壊れたドアを修理する　(f　　　　　) the broken door

2 訂正する
文の誤りを訂正する　(c　　　　　) mistakes in the sentence
悪い関係を正す　(r　　　　　) the bad relations
態度を改める　(m　　　　　) one's attitude
勉強方法を改める　(r　　　　　) the style of study

3 治療する
二日酔いを治す　(c　　　　　) a hangover
失恋の悲しみを癒す　(h　　　　　) a broken heart
傷を治療する　(r　　　　　) the wound
風邪の症状を和らげる　(h　　　　　) cold symptoms

4 整える
けんかを収める　(p　　　　　) up a quarrel
機嫌を直して微笑む　(c　　　　　) around and smile

5 翻訳する
日本語に翻訳する　(t　　　　　) into Japanese

ANSWERS

❶ repair, mend, fix　❷ correct, repair, mend, rectify　❸ cure, heal, remedy, help
❹ patch, come　❺ translate

抜く

1 引き抜く
- **pull** 引き抜く
- **draw** 引き出す
- **tap** （液体を）栓を抜いて出す

2 取り除く
- **remove** 取り去る
- **soak out** （しみ・汚れなどを液体に浸して）落とす
- **take out** 取り除く

3 省く
- **slack** 手を抜く
- **omit** 省略する
- **leave out** 除外する
- **skip** 跳び越す

4 追い抜く
- **outrun** （人より）速く走る
- **overtake** 追い越す
- **draw away** （競争などで相手を）抜く
- **pass** （人・車などを）抜く
- **get ahead of** 前に出る

「はまっている物を抜き取る場合」と「しみを抜く」のように「取り除く場合」と「追い抜く場合」に三分した。drawはpullよりもなめらかに抜く場合であり、それが「描く」にもつながっていく。

YOUR TURN!

1 引き抜く

さびた釘を引き抜く　(p　　　　) the rusty nails
コルク栓を抜く　(d　　　　) a cork
栓を抜いてたるからワインを出す　(t　　　　) wine from a barrel

2 取り除く

コーヒーのしみを抜く　(r　　　　) a coffee stain
（液体に浸して）しみを落とす　(s　　　　) out the stain
毒を取り除く　(t　　　　) out poison

3 省く

仕事の手を抜く　(s　　　　) off on the job
名簿から名前を省く　(o　　　　) one's name from the list
女性を除外する　(l　　　　) out women
２問目を抜かす　(s　　　　) the second question

4 追い抜く

他のすべての少年より速く走る　(o　　　　) all the other boys
多くのランナーを追い越す　(o　　　　) many other runners
競争相手を抜く　(d　　　　) away from the competitor
前のトラックを抜く　(p　　　　) the truck in front
人込みの前に出る　get (a　　　　) of the crowd

ANSWERS

❶ pull, draw, tap　❷ remove, soak, take　❸ slack, omit, leave, skip　❹ outrun, overtake, draw, pass, ahead

伸ばす（延ばす）

1 長くする
- **extend** （手足などを）伸ばす
- **stretch** 引き伸ばす
- **lengthen** （服などを）長くする
- **reach** 手を伸ばす
- **grow** （ひげなどを）伸ばす

2 平らにする・まっすぐにする
- **roll** （練り粉などを）伸ばす
- **smooth** （しわなどを）伸ばす
- **flatten** （曲がったものを）平らにする
- **straighten** （曲がったものを）まっすぐにする

3 薄く広げる
- **spread** （物を）薄く塗る
- **smooth** （化粧水などを）塗る

4 延期する
- **put off** 延期する
- **extend** （期間を）延ばす
- **delay** （早速なすべきことを）延期する
- **suspend** （決定の実行を一時的に）延期する
- **postpone** （故意に）延期する

5 発達させる
- **develop** （能力・産業などを）発達させる
- **push** （事業などを強引に）広げる
- **improve** 向上させる
- **increase** 増加させる

「物理的に伸ばす場合」と「時間的に延ばす場合」と「力を伸ばす場合」に三分した。developには「現像する」という意味もあり、その場合の「写真を引き伸ばす」はenlarge。

YOUR TURN!

1 長くする
足を伸ばす　(e　　　　　) one's legs
ベッドの上で体を伸ばす　(s　　　　　) oneself on the bed
袖を長くする　(l　　　　　) sleeves
あの本に手が届きますか。　Can you (r　　　　　) that book?
口ひげを伸ばす　(g　　　　　) a mustache

2 平らにする・まっすぐにする
練り粉を薄く伸ばす　(r　　　　　) dough thin
シャツのしわを伸ばす　(s　　　　　) one's shirt
地面を平らにする　(f　　　　　) the ground
髪をまっすぐにする　(s　　　　　) one's hair

3 薄く広げる
バターを塗る　(s　　　　　) butter
クリームを顔に塗る　(s　　　　　) the cream over one's face

4 延期する
会議を延期する　(p　　　　　) off the meeting
滞在を延ばす　(e　　　　　) one's stay
出発を延期する　(d　　　　　) one's departure
決定を保留する　(s　　　　　) one's decision
締め切りを延期する　(p　　　　　) the deadline

5 発達させる
可能性を伸ばす　(d　　　　　) one's potential
事業を広げる　(p　　　　　) one's business
読解力を向上させる　(i　　　　　) one's reading skills
製品の売上を増加させる　(i　　　　　) the sales of products

ANSWERS

❶ extend, stretch, lengthen, reach, grow　❷ roll, smooth, flatten, straighten
❸ spread, smooth　❹ put, extend, delay, suspend, postpone　❺ develop, push, improve, increase

上る

1 高いところへ行く
- go up　上る
- climb　（手足を使って）よじ登る
- ascend　（低いところから高いところへ）上がる
- mount　（階段などを）上まで上る
- scale　（崖などを用具を使って）よじ登る

2 月・太陽が昇る
- rise　（月・太陽などが）昇る
- climb　（飛行機・太陽などが）上昇する
- come up　（太陽が）昇る

3 数量が達する
- amount　総計〜に達する
- reach　（数量などが）届く
- come to　（〜の額に）達する

4 取り上げられる
- come up　話題に上る

5 血が上る
- flush　（怒り・興奮などで）血が上る

「上る」は上方に移動することだが、「位置が上がる場合」と「数量が上がる」場合に二分し、「血が上る」という表現を最後に加えた。

YOUR TURN!

1 高いところへ行く

階段を上る　(g　　　　　) up the stairs
ヤシの木によじ登る　(c　　　　　) a palm tree
空に上がる　(a　　　　　) into the sky
はしごを登る　(m　　　　　) a ladder
絶壁をよじ登る　(s　　　　　) the cliff

2 月・太陽が昇る

太陽は東から昇る。　The sun (r　　　　　) in the east.
２万フィートまで上昇する　(c　　　　　) to 20,000 feet
太陽はすでに昇っている。　The sun has already (c　　　　　) up.

3 数量が達する

彼の貯金は100万円に達する。　His savings (a　　　　　) to one million yen.
最高レベルに届く　(r　　　　　) the maximum level
寄付は３億円以上に達した。
　The donations (c　　　　　) to over three hundred million yen.

4 取り上げられる

お天気が話題に上る。　The weather (c　　　　　) up.

5 血が上る

怒りで血が上る　(f　　　　　) with anger

ANSWERS

❶ go, climb, ascend, mount, scale　❷ <u>rises</u>, climb, come　❸ amount, reach, <u>came</u>
❹ <u>comes</u>　❺ flush

141

入る

1 外から中に入る
- **come in** （部屋などに）入る
- **go in** 中に入る
- **go into** ～に入る
- **enter** 入り込む
- **get in** 中に入る

2 含む・収容する
- **hold** （容器・場所などが）～を収容できる
- **contain** （会場などが）収容できる
- **include** 含む

3 手に入る
- **come** 入手できる
- **come in** （給料・利益などが）入る
- **get** 得る
- **receive** 受け取る

4 加入・参加する
- **get into** （学校などに）入る
- **enter** 入学・入会する
- **go into** （職業などに）就く
- **join** 加入する

5 間に入る
- **interfere** 干渉する
- **intercede** 仲裁する

6 目や耳に入る
- **see** 目に入る
- **hear** 耳に入る
- **meet** （目・耳などに）触れる

「物理的に入る場合」と「ある組織体に加入する場合」と「間に入る場合」に三分した。また、「外部の情報が感覚器官から入る場合」を3番目のグループに加えた。

YOUR TURN!

1 外から中に入る

窓から入る　(c　　　　　) in through the window
寝室に入る　(g　　　　　) in the bedroom
店に入る　(g　　　　　) into the shop
劇場に入る　(e　　　　　) the theater
列車に乗る　(g　　　　　) in the train

2 含む・収容する

30人を収容できる　(h　　　　　) thirty people
水が5ガロン入る　(c　　　　　) five gallons of water
サービスに含まれている　be (i　　　　　) among the services

3 手に入る

新型が手に入った。　A new model has (c　　　　　).
臨時収入があった。　Some extra money (c　　　　　) in.
レアなアイテムを手に入れる　(g　　　　　) a rare item
お礼の品を受け取る　(r　　　　　) a thank-you gift

4 加入・参加する

同じ学校に入る　(g　　　　　) into the same school
京都大学に入る　(e　　　　　) Kyoto University
ファッション業界に入る　(g　　　　　) into a fashion business
自由党に加入する　(j　　　　　) the Liberal Party

5 間に入る

口論に口出しする　(i　　　　　) in the quarrel
ロシアとアメリカの仲裁をする　(i　　　　　) between Russia and America

6 目や耳に入る

掲示が目に入る　(s　　　　　) a notice
不思議な音を耳にする　(h　　　　　) a strange sound
音は何も聞こえなかった。　Not a sound (m　　　　　) my ears.

ANSWERS

❶ come, go, go, enter, get　❷ hold, contain, included　❸ come, came, get, receive
❹ get, enter, go, join　❺ interfere, intercede　❻ see, hear, met

張る

1 広がる
- stretch 広げる
- spread 伸ばす
- grow （植物が根を）張る
- pitch （テント・キャンプを）張る

2 覆う
- freeze 氷が張る
- turf 芝で覆う

3 ぴんと張る
- string （電線などを）張り渡す
- run （線などを）張りめぐらす
- stretch （ロープなどを）張る
- weave （クモが巣を）張る
- draw （ゆっくりと）引っ張る
- tighten （物を）ぴんと張る
- strain （神経などを）張り詰める

4 主張する
- assert （意見・権利などを）主張する
- argue (that) 主張する

5 値段が高い
- be expensive 値段が高い

1番目の意味グループは「張り広げる」場合。2番目は、「言い張る」とか「論陣を張る」というケースの「張る」で、自分の意見を「主張する場合」。

YOUR TURN!

1 広がる

両手を広げる　(s　　　　　) one's arms wide
帆を張る　(s　　　　　) the sail
雑草はどこにでも根を張る。　Weeds (g　　　　　) anywhere.
テントを張る　(p　　　　　) a tent

2 覆う

冬には氷が張る。　It (f　　　　　) in winter.
庭は芝で覆われている。　The garden is (t　　　　　).

3 ぴんと張る

針金を張る　(s　　　　　) a wire
ケーブルを張りめぐらす　(r　　　　　) a cable
ロープを張る　(s　　　　　) a rope
巣を張る　(w　　　　　) a web
カーテンを引く　(d　　　　　) the curtains
シートベルトをぴんと張る　(t　　　　　) the seat belt
気を張りつめる　(s　　　　　) one's attention

4 主張する

意見を主張する　(a　　　　　) one's opinion
彼は行くと言い張る。　He (a　　　　　) that he will go.

5 値段が高い

その車は値が張る。　The car is (e　　　　　).

ANSWERS

❶ stretch, spread, grow, pitch　❷ <u>freezes</u>, <u>turfed</u>　❸ string, run, stretch, weave, draw, tighten, strain　❹ assert, <u>argues</u>　❺ expensive

145

引く

1 引っ張る
- **pull** （物を）引っ張る
- **draw** （物を平均した力でゆっくり）引く
- **drag** （重い物を）引きずる

2 線などを引く
- **draw** （線を）引く
- **line** （紙などに）線を引く

3 導く
- **lead** （手などをとって）連れて行く

4 水道・電話などを引く
- **install** （設備などを）取り付ける
- **lead** （水を）引く
- **irrigate** （土地を）灌漑する

5 注意などを引く
- **catch** （関心などを）引きつける
- **attract** （興味などを）引く
- **draw** （注意などを）引きつける

6 差し引く
- **subtract** 減じる
- **reduce** （数量などを）減らす
- **take off** 割り引く
- **deduct** 差し引く

7 辞書を引く
- **look up** （辞書で）調べる
- **consult** （辞書などを）引く

「自分のほうに引く場合」と「ある地点に向けて導く場合」と「差し引く場合」に三分し、最後に「辞書を引く」という表現を加えた。

YOUR TURN!

1 引っ張る
カートを引っ張る　(p　　　　　) a cart
弓を引く　(d　　　　　) a bow
ジャガイモの入った袋を引きずる　(d　　　　　) the sack of potatoes

2 線などを引く
線を引く　(d　　　　　) a line
教科書に線を引く　(l　　　　　) one's textbook

3 導く
馬を引く　(l　　　　　) a horse

4 水道・電話などを引く
水道を引く　(i　　　　　) a water supply system
畑に水を引く　(l　　　　　) water into the field
砂漠に水を引く　(i　　　　　) the deserts

5 注意などを引く
注意を引く　(c　　　　　) one's attention
興味を引く　(a　　　　　) one's interest
愛情を引きつける　(d　　　　　) one's affection

6 差し引く
10から3を引く　(s　　　　　) 3 from 10
値段を20%引く　(r　　　　　) the price by 20%
定価から1割引く　(t　　　　　) 10% off the price
原価を差し引く　(d　　　　　) the cost

7 辞書を引く
言葉を辞書で調べる　(l　　　　　) up the word in a dictionary
辞書を引く　(c　　　　　) a dictionary

ANSWERS

❶ pull, draw, drag　❷ draw, line　❸ lead　❹ install, lead, irrigate
❺ catch, attract, draw　❻ subtract, reduce, take, deduct　❼ look, consult

開く

1 開ける
- open （戸・窓などを）開く
- undo （包みなどを）開く
- unpack （包みなどを）解く
- unfold （折り畳んだ物などを）広げる
- uncover （物の覆い・ふたを）取る
- turn to （あるページを）開く

2 広くなる
- gape （傷口などが）大きく開いている
- open （間隔が）開く
- widen 広くなる

3 咲く
- bloom （花が）咲く
- open （花が）咲く
- unfold （つぼみが）開く

4 心を開く
- open up （心を）開く
- unlock （秘密などを）明かす

5 始まる・始める
- open （会議などが）始まる・開演する、（店などを）始める
- start （事業などを）起こす

6 開催する
- give （パーティーなどを）催す
- hold （会・式などを）催す

7 開拓する
- open up （土地などを）開発する

「閉じているものを開く場合」と「これまで存在しなかったものを始める場合」に二分し、最後に「土地を開く場合」を加えた。

YOUR TURN!

1 開ける
窓を開く　(o　　　　　) the window
包みを開く　(u　　　　　) the package
贈り物を開く　(u　　　　　) the gift
紙を広げる　(u　　　　　) the paper
隠されている物の覆いを取る　(u　　　　　) something hidden
最後のページを開く　(t　　　　　) to the last page

2 広くなる
大きく開いた穴　a (g　　　　　) hole
間隔が少し空いた。　A little space (o　　　　　).
技術格差が広がる。　Technological gap (w　　　　　).

3 咲く
サクラは春に咲く。　The cherry blossoms (b　　　　　) in spring.
咲いているバラもある。　Some roses have (o　　　　　).
その花は夜に咲く。　The flowers (u　　　　　) in the evening.

4 心を開く
誰にでも心を開く　(o　　　　　) oneself up to everyone
秘密を明かす　(u　　　　　) the secrets

5 始まる・始める
花屋を開店する　(o　　　　　) a flower shop
新事業を始める　(s　　　　　) a new business

6 開催する
送別会を催す　(g　　　　　) a farewell party
誕生会を開く　(h　　　　　) one's birthday party

7 開拓する
森を開拓する　(o　　　　　) up the forest

ANSWERS

❶ open, undo, unpack, unfold, uncover, turn　❷ gaping, opened, widens　❸ bloom, opened, unfold　❹ open, unlock　❺ open, start　❻ give, hold　❼ open

ふさぐ

1 閉じる
- **close** 閉鎖する
- **stop** （穴・傷口などを）ふさぐ
- **stuff** （物を）詰めてふさぐ
- **fill** （穴などを）ふさぐ
- **seal** （割れ目などを）ふさぐ
- **wall** （窓・入り口などを壁で）ふさぐ
- **bung up** 栓をする
- **fill in** （空所などを）埋める

2 さえぎる
- **block** （通路・交通などを）閉鎖する
- **obstruct** 通れなくする
- **jam** （場所を）ふさぐ

3 場所をとる
- **occupy** （場所などを）占める

4 気分が滅入る
- **be depressed** （気持ちが）ふさぐ

「物理的にふさぐ場合」と「心理的に閉塞する場合」に二分した。「物理的にふさぐ場合」は、単にフタをするケースと、何かで中身を埋めてふさぐケースがある。

YOUR TURN!

1 閉じる

サイトを閉鎖する　（c　　　　　　）the site
傷口をふさぐ　（s　　　　　　）a wound
チキンに詰め物を詰める　（s　　　　　　）a chicken
穴をふさぐ　（f　　　　　　）a hole
壁の割れ目をふさぐ　（s　　　　　　）the cracks in the wall
入り口を壁でふさぐ　（w　　　　　　）the entrance
ワインのたるに栓をする　（b　　　　　　）up a cask of wine
空白を埋める　（f　　　　　　）in the blanks

2 さえぎる

通りを閉鎖する　（b　　　　　　）the street
交通を遮断する　（o　　　　　　）the traffic
道路が３時間封鎖された。　The road was （j　　　　　　）for three hours.

3 場所をとる

ベッドは全てふさがっていた。　All the beds were （o　　　　　　）.

4 気分が滅入る

今日は気分が滅入っている。　I am （d　　　　　　）today.

ANSWERS

① close, stop, stuff, fill, seal, wall, bung, fill　② block, obstruct, <u>jammed</u>　③ <u>occupied</u>
④ depressed

151

守る（護る）

1 保護する

- **guard** （攻撃・危害などから）守る
- **defend** （攻撃から積極的に）防御する
- **protect** （保護手段を設けて危険などから）守る
- **shelter** （場所を提供して人・物を）保護する
- **preserve** （危険・危害から）保護する
- **shield** （差し迫った危険から）守る
- **secure** 保護する
- **stick up for** （人を）弁護する

2 維持する

- **keep** （ある状態を）維持する
- **maintain** （関係・活動などを）維持する

3 遵守する・従う

- **keep** （約束・秘密などを）守る
- **obey** （規則などを）守る
- **maintain** （権利・地位などを）擁護する
- **observe** （法律などを）守る
- **follow** （命令などに）従う
- **abide by** （規則・約束などを）遵守する
- **stand by** （約束などを）守る
- **work to** （期限などを）守る

「守備する」と「遵守する」はまったく異なるわけではない。ある規則を守るのは、規則に違反しないという消極的な面と、その規則の有効性を保つという積極的な面があるからだ。

YOUR TURN!

1 保護する

子供たちを守る	(g) one's children
財産を守る	(d) one's property
頭を保護する	(p) one's head
嵐から保護する	(s) a person from the storm
野生動物を保護する	(p) wild animals
人を太陽から守る	(s) a person from the sun
村を病気から守る	(s) the village from disease
自己弁護をする	(s) up for oneself

2 維持する

沈黙を守る	(k) silent
友好関係を保つ	(m) friendly relations

3 遵守する・従う

約束を守る	(k) one's promise
交通規則を守る	(o) the traffic rules
権利を守る	(m) one's right
法律を守る	(o) the law
命令に従う	(f) one's order
公約を守る	(a) by commitments
取り決めを守る	(s) by arrangements
締め切りを守る	(w) to the deadline

ANSWERS

❶ guard, defend, protect, shelter, preserve, shield, secure, stick　❷ keep, maintain
❸ keep, obey, maintain, observe, follow, abide, stand, work

回る

1 回転する
- **turn** （人・物が）回転する
- **rotate** （軸を中心に）回転する、自転する
- **spin** （こまなどが）ぐるぐる回る
- **revolve** （〜を中心に）回転する、公転する
- **go round** 〜の周りを回る

2 巡回する
- **make the round** （場所を）次々に回る
- **go around** 歩き回る

3 迂回する
- **take a roundabout route** 迂回する
- **stop over at** 立ち寄る
- **go around to** 回り道をして〜に寄る

4 角などを曲がる
- **turn** （角を）曲がる
- **swing** （弧を描くように）動く
- **round** （角などを）回る

「回る」には「円を描いて回る」という意味と、「真っすぐ行かない」という意味がある。「巡回する、迂回する」は2番目に含まれる。角を曲がるのも、結果的には直進しないことを意味する。

YOUR TURN!

1 回転する

地球の周りを回る　(t　　　　) around the earth
モーターは回転し始めた。　The motor began to (r　　　　).
３回スピンする　(s　　　　) three times
太陽の周りを公転する　(r　　　　) around the sun
公園の周りを回る　(g　　　　) round the park

2 巡回する

建物を巡回する　(m　　　　) the round of a building
町を歩き回る　go (a　　　　) the town

3 迂回する

私たちは迂回しなければならなかった。　We had to take a (r　　　　) route.
レストランに立ち寄る　(s　　　　) over at a restaurant
回り道をして彼の家に寄る　(g　　　　) around to his house

4 角などを曲がる

角を左に曲がる　(t　　　　) the corner to the left
ぐるりと回って公道に入る　(s　　　　) on to the highway
角を曲がるのに失敗する　fail to (r　　　　) the corner

ANSWERS

❶ turn, rotate, spin, revolve, go　❷ make, around　❸ roundabout, stop, go　❹ turn, swing, round

認める

1 認識する
- admit （事実であると）認める
- accept （妥当として）受け入れる
- acknowledge ～したことを認める
- allow （正当と）認める
- recognize （事を）認識する
- confess （罪などを）白状する
- concede （しぶしぶ）認める
- own （欠点などを）事実であると告白する
- plead （罪を）認める
- see ～がわかる
- observe （人が）～であることに気づく

2 目に留める
- see 目に入る
- find 発見する
- distinguish （人・物事を）はっきり認める

3 評価する
- recognize 真価を認める

4 許可する
- allow 許す
- permit 許可する
- admit （入会・入学などを）許容する
- let 自由に～させておく
- approve 認可する

日本語の「認める」には「認識する」「許可する」の2つの意味があり、それに従って二分した。「認識する」の延長上に「評価する」も含ませた。

YOUR TURN!

1 認識する

過ちを認める　(a　　　　　) one's mistake
提案を受け入れる　(a　　　　　) the suggestion
誤りを認める　(a　　　　　) having made a mistake
要求を認める　(a　　　　　) one's demand
責任を自覚する　(r　　　　　) one's responsibility
罪を認める　(c　　　　　) one's sins
敗北を認める　(c　　　　　) one's defeat
彼はうそをついたことを認めた。　He (o　　　　　) to having told a lie.
罪を認める　(p　　　　　) guilty
事の重大さを認識する　(s　　　　　) the seriousness of the affair
彼が正しいことに気づく　(o　　　　　) that he is right

2 目に留める

無数の星が見える　(s　　　　　) innumerable stars
多くの間違いを見つける　(f　　　　　) many mistakes
違いをはっきり認めることができる　can (d　　　　　) the differences

3 評価する

真価を認める　(r　　　　　) the value

4 許可する

彼らの結婚を許す　(a　　　　　) their marriage
喫煙を許可する　(p　　　　　) smoking
入会を許す　(a　　　　　) one's entry
少年を自由に外で遊ばせる　(l　　　　　) the boy play outside
薬を認可する　(a　　　　　) the medicine

ANSWERS

❶ admit, accept, acknowledge, allow, recognize, confess, concede, owned, plead, see, observe　❷ see, find, distinguish　❸ recognize　❹ allow, permit, admit, let, approve

見る

1 目で見る
- **see** （人・物が）見える
- **look at** （じっと）見る
- **watch** 注意して見る
- **view** 眺める
- **stare at** じろじろ見つめる
- **look out** 外を見る

2 見物する
- **visit** 見物する

3 調べる
- **see** 調べる
- **look over** （書類などを）調べる
- **examine** 調査する
- **consult** （辞書・参考書などを）調べる

4 判断する
- **judge** （人・物事を）判断する
- **see** 〜のように考える
- **regard** 注視する
- **look on** （ある感情で）見る

5 世話をする
- **look after** 世話をする
- **take care of** 面倒を見る
- **tend** （病人などに）付き添う
- **help** （宿題などを）手伝う

第1グループは「見る」という行為に着目した場合。第2〜第3グループは「見る目的」や「見た結果」に着目した場合である。ただ見るだけでは判断したり世話したりできない。

YOUR TURN!

1 目で見る

犬が見える。 I can (s　　　　) a dog.
絵を見る (l　　　　) at the picture
野球の試合を見る (w　　　　) a baseball game
湖を眺める (v　　　　) the lake
男をじろじろ見つめる (s　　　　) at the man
窓の外を見る (l　　　　) out of the window

2 見物する

京都の寺を見物する (v　　　　) a temple in Kyoto

3 調べる

手に入るか調べましょう。 I'll (s　　　　) if it is available.
書類を調べる (l　　　　) over the paper
結果を調査する (e　　　　) the result
辞書で調べる (c　　　　) a dictionary

4 判断する

人を金持ちと見る (j　　　　) a person to be rich
私の見るところ、彼は君が好きだ。 The way I (s　　　　) it, he loves you.
疑いの目で見られる be (r　　　　) with suspicion
尊敬の目で見る (l　　　　) on a person with respect

5 世話をする

幼い弟の世話をする (l　　　　) after one's little brother
年老いた母親の面倒を見る (t　　　　) care of one's old mother
病人に付き添う (t　　　　) the patients
彼の宿題を手伝う (h　　　　) him with his homework

ANSWERS

① see, look, watch, view, stare, look ② visit ③ see, look, examine, consult
④ judge, see, regarded, look ⑤ look, take, tend, help

向く

1 向きを変える
- turn　方向を変える
- look to　〜のほうを見る
- point　（〜の方向に）向く
- turn on　〜のほうを向く

2 面する
- face　〜の方向に向いている
- look　〜に面している

3 運命などが向く
- incline　気が向く
- luck out　運が向く
- smile upon　（運などが）開く

4 適合する
- suit　（場所・目的などに）適している
- fit　（人・物が）〜に向いている
- lend oneself to　（ある目的に）適している
- be suitable for　〜にふさわしい

「ある方向に向く」という意味と「ある目的に適している」という意味に大別される。目的とは、抽象的な意味での方向である。

YOUR TURN!

1 向きを変える

左に向きを変える　(t　　　　) to the left
カメラのほうを見る　(l　　　　) to the camera
北を示す　(p　　　　) to the north
微笑んで私のほうを向く　(t　　　　) on me with a smile

2 面する

私の家は通りに面している。　My house (f　　　　) the street.
南向きである　(l　　　　) to the south

3 運命などが向く

仕事をする気になる　(i　　　　) to work
昨日はついていた。　I (l　　　　) out yesterday.
彼に運が向いてきた。　Fortune (s　　　　) upon him.

4 適合する

看護士に向いている　be (s　　　　) to be a nurse
その水は飲むのに適さない。　The water doesn't (f　　　　) to drink.
その小道はウォーキングに適している。
　The trail (l　　　　) itself to walking.
パーティーにふさわしい　be (s　　　　) for a party

ANSWERS

❶ turn, look, point, turn　❷ <u>faces</u>, look　❸ incline, <u>lucked</u>, <u>smiled</u>　❹ <u>suited</u>, fit, <u>lends</u>, suitable

結ぶ

1 結わえる・縛る
- **tie** （ひもなどを）結ぶ
- **knot** 結び目を作る
- **bind** （2つ以上の物をひもなどで）結びつける
- **lace** （靴などを）ひもで締める

2 連結する
- **connect** （2つ以上の物を）つなぐ
- **link** 連結する
- **join** （2点を線で）結ぶ

3 関係を結ぶ
- **make** （契約・関係などを）結ぶ
- **enter into** （契約・同盟などを）結ぶ
- **conclude** （条約などを）締結する
- **contract** 契約する
- **tie up** （人・会社などと）提携する

4 結実する
- **bear fruit** （植物が）実を結ぶ
- **fruit** （植物が）果実をつける

5 締めくくる
- **conclude** （言葉などで）結びとする
- **end** （講演などを〜することで）終わらせる

「2つ以上のものを連結する場合」と「関係を結ぶ場合」と「完結する場合」に三分した。見方を変えると、「結ぶ」とは、「別々であることの終結」を意味する。

YOUR TURN!

1 結わえる・縛る
リボンを蝶結びにする　(t　　　　　) a ribbon in a bow
ロープに結び目を作る　(k　　　　　) a rope
棒を一緒に結ぶ　(b　　　　　) the sticks together
靴のひもを結ぶ　(l　　　　　) one's shoes

2 連結する
パイプをつなぐ　(c　　　　　) the pipes
３つのセルを連結する　(l　　　　　) three cells
点を結ぶ　(j　　　　　) the dots

3 関係を結ぶ
契約を結ぶ　(m　　　　　) a contract
同盟を結ぶ　(e　　　　　) into an alliance
条約を締結する　(c　　　　　) a treaty
大きな契約をする　(c　　　　　) a big deal
ホテルと提携する　(t　　　　　) up with a hotel

4 結実する
毎年実がなる　(b　　　　　) fruit every year
その木は果実をつけている。 The tree has (f　　　　　).

5 締めくくる
お願いをして結びとする　(c　　　　　) with a wish
有名な一節を引用して講義を終わらせる
　(e　　　　　) one's lecture by quoting a well-known phrase

ANSWERS

❶ tie, knot, bind, lace　❷ connect, link, join　❸ make, enter, conclude, contract, tie
❹ bear, <u>fruited</u>　❺ conclude, end

持つ

1 持っている
- **hold** つかんでいる
- **have** （手に）持っている

2 所持する
- **have** （手元に物を）持っている
- **carry** （物を）運ぶ
- **take** （物を）持って行く

3 所有する
- **have** （財産などを）所有する
- **own** 〜の所有権を持つ
- **possess** （才能・富などを）持っている

4 心に抱く
- **have** （感情・疑いなどを）抱く
- **take** （感情・興味などを）抱く
- **get** （印象・感情などを）持つ
- **bear** （感情を）心に持つ

5 負担する
- **bear** （費用・責任などを）持つ
- **pay** （代金などを）支払う

6 持ちこたえる
- **keep** （食べ物が）日持ちする
- **last** （良い天候が）続く
- **hold** （力などが）持ちこたえる
- **good** 形 有効な

大きくは「持っている」「負担する」「持ちこたえる」に三分される。第1の「持っている」は、「実際に手に持っている場合」と、「所有権を有する場合」や「心の中にある場合」まで含む。

YOUR TURN!

1 持っている

本を数冊持っている　(h　　　　) some books
手にナイフを持っている　(h　　　　) a knife in one's hand

2 所持する

傘を持っている　(h　　　　) an umbrella
地図を持ち歩く　(c　　　　) a map
辞書を持って行く　(t　　　　) a dictionary

3 所有する

ヨットを持っている　(h　　　　) a yacht
別荘を所有する　(o　　　　) a cottage
知性がある　(p　　　　) intelligence

4 心に抱く

疑いを持つ　(h　　　　) suspicion
勉強に興味を抱く　(t　　　　) an interest in study
良い印象を持つ　(g　　　　) good impression
焼きもちをやく　(b　　　　) jealousy

5 負担する

両親が子どもの責任を持つ。　Parents (b　　　　) responsibility for children.
私が費用を持ちます。　I'll (p　　　　) the expense.

6 持ちこたえる

牛乳は日持ちしない。　Milk doesn't (k　　　　) long.
良い天気はあと2〜3日持ちそうだ。
　The good weather will (l　　　　) for another few days.
50キロまで耐える　(h　　　　) the weight up to 50kg
保証は有効だ。　The guarantee is (g　　　　).

ANSWERS

❶ hold, have　❷ have, carry, take　❸ have, own, possess　❹ have, take, get, bear
❺ bear, pay　❻ keep, last, hold, good

破る（敗る）

1 引き裂く
- tear up　（無理やり引っ張って）引き裂く
- rip　（服などを〜に引っ掛けて）裂く
- slit　細長く裂く

2 壊す
- break　（物などを）壊す
- breach　（城壁などを）破る
- crack　（金庫などを）破る

3 反する
- break　（約束・法律などを）破る
- violate　（法律などに）違反する
- contravene　（法律・習慣などに）反する
- go back on　（約束などを）破る

4 負かす
- beat　（スポーツなどで人を）打ち負かす
- defeat　（敵を一時的に）破る
- break　（テニスで相手のサービスを）破る

5 改める
- break　（記録を）更新する
- smash　（記録などを）破る

「物理的に物を破る（裂く）場合」と「決まりごとを破る場合」と「相手を破る場合」に大別される。3番目には、対戦相手を負かす場合と記録そのものを破る場合がある。

YOUR TURN!

1 引き裂く
手紙を引き裂く　(t　　　　　) up the letter
釘に引っ掛けてシャツを裂く　(r　　　　　) one's shirt on a nail
布地を細長く裂く　(s　　　　　) the cloth

2 壊す
私の夢は破れた。　My dream was (b　　　　　).
バリアを破る　(b　　　　　) the barrier
金庫を破る　(c　　　　　) a safe

3 反する
約束を破る　(b　　　　　) one's promise
制限速度を破る　(v　　　　　) the speed limit
通例の慣習に反する　(c　　　　　) the usual conventions
約束を破る　(g　　　　　) back on one's word

4 負かす
チャンピオンを打ち負かす　(b　　　　　) the champion
与党を破る　(d　　　　　) the government party
サービスゲームを破る　(b　　　　　) one's service game

5 改める
世界記録を更新する　(b　　　　　) the world record
自己記録を破る　(s　　　　　) one's own record

ANSWERS

❶ tear, rip, slit　❷ broken, breach, crack　❸ break, violate, contravene, go　❹ beat, defeat, break　❺ break, smash

CHART 075

渡す

① 手渡す
- hand （物を）手渡す
- give （物を）手渡す
- hand over （物を）引き渡す
- pass 手渡す
- hand in 差し出す

② かける
- stretch （ロープなどを）渡す

③ 向こう側に送る
- ferry （人・車などを）船で渡す
- get ～ across （荷物などを）向こう側へ渡す
- put ～ across （川などの）向こうへ渡す
- put ～ over （人を）向こうへ渡す

④ 譲る
- hand over 譲り渡す
- surrender （敵などに）明け渡す
- give away （物を）ただで与える
- give up （場所などを）譲る
- transfer （財産などを）譲渡する

「手渡す」という物理的な表現と、「譲り渡す」という人間関係を含む表現に二分した。物理的な移動には、交通手段を使って「向こう側に渡す」場合を含む。

YOUR TURN!

1 手渡す
プレゼントを手渡す　(h　　　　　) a person a present
彼に手紙を手渡す　(g　　　　　) him a letter
部屋の鍵を渡す　(h　　　　　) over the room key
塩を取って下さい。(P　　　　　) me the salt, please.
論文を提出する　(h　　　　　) in a thesis

2 かける
２本の木にロープを渡す　(s　　　　　) a rope between two trees

3 向こう側に送る
人と車を船で渡す　(f　　　　　) people and cars
馬を向こう側へ渡す　(g　　　　　) the horse across
人を川の向こうへ渡す　(p　　　　　) a person across the river
人々を向こうへ渡す　(p　　　　　) people over

4 譲る
財産を譲り渡す　(h　　　　　) over the property
城を明け渡す　(s　　　　　) the castle
車をただで与える　(g　　　　　) away one's car
席を譲る　(g　　　　　) up one's seat
株を譲渡する　(t　　　　　) one's shares

ANSWERS

❶ hand, give, hand, Pass, hand　❷ stretch　❸ ferry, get, put, put　❹ hand, surrender, give, give, transfer

コラム 1

動詞〈raise〉のフットワーク

「はじめに」の中で、通常の単語集はわれわれが英単語のまわりを動き回るが、『逆単』では、単語のほうに動き回ってもらう、と書いた。

英単語がいかに懸命に動き回ってくれているか、raise という動詞を例にお話ししたい。ここから、この本の、もうひとつの側面が見えてくると思うからだ。

まず最初に raise が登場するのは 22 ページの「上げる」という項目だ。何とこのページだけで raise は 4 回も登場する。例文で示す。

手を上げる　　　(raise) one's hand
給料を上げる　　(raise) one's salary
政治意識を高める　(raise) political consciousness
歓声を上げる　　(raise) cheers

これだけで十分お疲れ様なのだが、このあと、raise はあと 3 カ所で姿を見せる。

❶「起こす」　患者を起こす　　　(raise) the patient
　　　　　　口論を引き起こす　　(raise) a quarrel
　　　　　　疑念を引き起こす　　(raise) doubt
❷「立てる」　子供を起こす　　　(raise) the child
　　　　　　砂煙を立てる　　　　(raise) a cloud of dust
❸「作る」　　トマトを育てる　　(raise) tomatoes
　　　　　　手術の資金を調達する　(raise) the funds for the operation

このように、単語に休む間を与えないのが本書の隠れた特徴である。このような表立たない英単語の陰の動きを確かめるために、巻末の索引をぜひご利用いただきたい。それでこそ英単語の努力も報われるというものである。

本書のあちこちを走り回って汗をかいている英単語に成り代わって、ひとこと申し上げた次第です。

Part 2
形容詞編

明るい

1 光が多い
- bright （光を出して）輝いている
- light （場所が）明るい
- sunny 日当たりの良い
- shiny ぴかぴかの
- luminous 光を出す

2 鮮明な
- clear 鮮やかな

3 快活な
- cheerful 快活な
- sunny （性質が）陽気な
- merry 陽気な、浮かれた

4 前途が明るい
- bright 有望な

5 よく知っている
- wise 博識な
- know 〜 very well 詳しい

「光度が高い・鮮明である」、「性格が明るい」、「物事をよく知っている」の3つの意味グループに分けられる。博識というのは、明るくてすべてのものがよく見えている状態だ。

YOUR TURN!

1 光が多い
輝く太陽　a (b　　　　) sun
明るい部屋　a (l　　　　) room
日当たりの良い庭　a (s　　　　) garden
ぴかぴかの床　a (s　　　　) floor
発光生物　a (l　　　　) creature

2 鮮明な
鮮やかな青　a (c　　　　) blue

3 快活な
快活な少女　a (c　　　　) girl
陽気な男　a (s　　　　) guy
陽気な歌　a (m　　　　) song

4 前途が明るい
明るい未来　a (b　　　　) future

5 よく知っている
世間のことはよく知っている　be (w　　　　) in the ways of the world
映画に詳しい　(k　　　　) movies very well

ANSWERS

① bright, light, sunny, shiny, luminous ② clear ③ cheerful, sunny, merry
④ bright ⑤ wise, know

CHART 002

大きい

1 形・面積が大きい
- **big** （感覚的に）大きい
- **large** （客観的に）大きい
- **great** （驚嘆や喜びの感情を伴って）巨大な
- **bulky** かさばった
- **huge** 巨大な

2 程度などが大きい
- **great** （程度の）大きな
- **heavy** （程度が）すごい
- **large** （程度が）相当な
- **big** （規模などの点で）大きい
- **serious** 重大な

3 音量が大きい
- **loud** （声・音が）大きい
- **heavy** （声・音などが）大きくて低い

4 数量が多い
- **great** （数量の）多い
- **more** より多い
- **most** 最も多い
- **large** （数量が）多い
- **big** （数量の点で）大きい

---

largeは「客観的に大きい」、bigは「感覚的に大きい」というニュアンスの差があるが、どちらも(a)「物理的な大きさ」(b)「程度の大きさ」(c)「数の大きさ」のどれにも使える点が面白い。

174　GYAKU-TAN / CHAPTER 01

YOUR TURN!

1 形・面積が大きい

大きなアリ　a (b　　　　) ant
大きな家　a (l　　　　) house
巨大な竜巻　a (g　　　　) tornado
かさばった包み　a (b　　　　) package
巨大な山　a (h　　　　) mountain

2 程度などが大きい

大きな喜び　a (g　　　　) pleasure
重い責任　a (h　　　　) responsibility
相当な困難　a (l　　　　) difficulty
大規模な計画　a (b　　　　) project
重大な過ち　a (s　　　　) mistake

3 音量が大きい

大きな声　a (l　　　　) voice
大きくて低い音　a (h　　　　) noise

4 数量が多い

大金　a (g　　　　) sum of money
もっと多くの時間が必要だ　need (m　　　　) time
最も降水量が多い　have the (m　　　　) rainfall
多くの本　a (l　　　　) number of books
大量の砂　a (b　　　　) quantity of sand

ANSWERS

① big, large, great, bulky, huge　② great, heavy, large, big, serious　③ loud, heavy
④ great, more, most, large, big

かたい

1 物が硬い
- **hard** 硬くて切断しにくい
- **stiff** 硬くて曲がりにくい
- **firm** 中身が固く詰まっている
- **solid** 硬質の
- **tough** 折れ〔破れ・切れ〕にくい
- **rigid** 非常に硬くて曲がらない
- **tight** しっかり固定されている

2 態度などが堅固な・頑固な
- **firm** （信念・主義などが）不変の
- **strong** （意志・信念などが）強固な
- **rigid** 融通がきかない
- **stubborn** （生まれつき）頑固な
- **stiff** （態度などが）堅苦しい

3 ぎこちない・緊張した
- **formal** 形式張った
- **wooden** （表情などが）硬い
- **tense** 緊張した

4 まじめな
- **serious** 本気の
- **solid** 堅実な

5 確実な
- **sure** 避けられない
- **sound** 信用できる
- **stable** 安定した

「物が硬い」「態度が硬い」「性格が堅い」に三分した。かたいものは、「折れにくい・堅実だ・融通がきかない」という良い面、悪い面の両方の見方が可能だ。

YOUR TURN!

1 物が硬い

硬い椅子　a (h　　　　) chair
硬い表紙の本　a book with a (s　　　　) cover
硬い枕　a (f　　　　) pillow
硬質のプラスチック (s　　　　) plastic
硬いステーキ　a (t　　　　) steak
硬い鋼板　a (r　　　　) steel plate
固いふた　a (t　　　　) lid

2 態度などが堅固な・頑固な

堅い決心　a (f　　　　) decision
強固な意志　a (s　　　　) will
頑固な男性　a (r　　　　) man
頑固な性格　a (s　　　　) character
ぎこちなく笑う　give a (s　　　　) smile

3 ぎこちない・緊張した

形式張ったあいさつ　a (f　　　　) greeting
硬い表情　a (w　　　　) expression
緊張した空気　a (t　　　　) air

4 まじめな

真剣な質問　a (s　　　　) question
堅い仕事　a (s　　　　) business

5 確実な

必然の結果　a (s　　　　) result
信頼できる証拠　a (s　　　　) proof
安定した仕事　a (s　　　　) job

ANSWERS

① hard, stiff, firm, solid, tough, rigid, tight　② firm, strong, rigid, stubborn, stiff　③ formal, wooden, tense　④ serious, solid　⑤ sure, sound, stable

きつい

1 窮屈な
- tight （衣服などが）窮屈な
- snug （衣服などが）体にぴったり合った
- small 小さい

2 厳しい
- hard （仕事などが）骨の折れる
- tough （仕事・問題などが）困難な
- sweaty （天候・仕事などで）汗の出る
- severe （冷酷さを暗示して、人・規律などが）厳しい
- strict （しつけや規律が）厳格な

3 性格が厳しい
- acrid （言葉・気質などが）辛辣な
- strong-minded 勝ち気な

4 強烈な
- strong （においが）鼻をつくような
- potent （酒が）きつい
- rich （香りが）豊かな

基準をオーバーしていてゆとりがないことを「きつい」という。衣服は「着るのがきつい」、仕事などは「実行するのがきつい」、感覚的には「我慢するのがきつい」ということになる。

YOUR TURN!

1 窮屈な

窮屈なセーター　a (t　　　　) sweater
ぴったりしたTシャツ　a (s　　　　) T-shirt
この靴はきつい。　These shoes are too (s　　　　).

2 厳しい

きつい仕事　(h　　　　) work
困難な問題　a (t　　　　) problem
きつい運動　a (s　　　　) exercise
厳しい処分　a (s　　　　) punishment
厳しい規則　a (s　　　　) rule

3 性格が厳しい

辛辣な批評　(a　　　　) criticism
勝ち気な女性　a (s　　　　) woman

4 強烈な

強烈なにおい　a (s　　　　) odor
きつい酒　a (p　　　　) liquor
芳醇な香り　(r　　　　) fragrance

ANSWERS

① tight, snug, small　② hard, tough, sweaty, severe, strict　③ acrid, strong-minded
④ strong, potent, rich

きれいな

1 美しい
- **beautiful** （完璧に）美しい
- **pretty** （物・場所が）きれいな
- **lovely** （感覚的に愛らしくて）美しい
- **fine** （並以上に）立派な

2 清潔な
- **clean** （まったく）汚れていない
- **pure** 清い
- **neat** きちんとした
- **clear** 澄んだ
- **tidy** 整然とした

3 清廉な
- **fair** 公正な
- **clean** （道徳的に）清らかな

「きれいな」は主観的な言葉なので、比較的単純な概念であるが、(a)「美しい」(b)「清潔な」という両面を持つ。単に清潔なだけでは「美しい」という感情に結びつかない場合もある。

YOUR TURN!

1 美しい
美しい国　a (b　　　　) country
きれいな公園　a (p　　　　) park
愛らしい赤ちゃん　a (l　　　　) baby
きれいな写真　a (f　　　　) picture

2 清潔な
きれいな部屋　a (c　　　　) room
清い心　a (p　　　　) mind
きちんと手入れがされた庭　a (n　　　　) garden
澄んだ水　(c　　　　) water
こぎれいな台所　a (t　　　　) kitchen

3 清廉な
公正な裁判官　a (f　　　　) judge
清らかな政治　(c　　　　) politics

ANSWERS

❶ beautiful, pretty, lovely, fine　❷ clean, pure, neat, clear, tidy　❸ fair, clean

鋭い

1 刃物などがとがっている
- **sharp** （刃などが）よく切れる
- **keen** （刃物などが）鋭い
- **pointed** 先のとがった

2 激しい・厳しい
- **hard** 冷酷な
- **piercing** 肌を刺すような
- **sharp** （声などが）甲高い
- **pointed** （言動が）辛辣な
- **biting** （皮肉などが）痛烈な
- **shrill** （音・声が）耳をつんざくような

3 頭・感覚などが優れた
- **penetrating** 洞察力のある
- **keen** 頭の切れる
- **sharp** （感覚などが）鋭敏な
- **acute** （感覚などが）鋭い
- **fine** 繊細で鋭敏な
- **shrewd** （行動や判断に）そつがない
- **observant** 観察の鋭い
- **sharp-eyed** 目ざとい
- **sharp-witted** 抜け目のない

もともとは「とがっている」ということだが、ものの性質としては「激しい」、知性面では「洞察力がある、頭が切れる」というイメージである。「感覚が鋭敏な場合」も脳の働きによるものである。

YOUR TURN!

1 刃物などがとがっている
鋭いナイフ　a (s　　　　　) knife
鋭い刃　a (k　　　　　) edge
先のとがった爪　a (p　　　　　) nail

2 激しい・厳しい
冷酷な視線　(h　　　　　) eyes
鋭い痛み　a (p　　　　　) pain
鋭い金切り声　a (s　　　　　) shriek
辛辣な態度　(p　　　　　) attitude
痛烈な皮肉　(b　　　　　) irony
鋭い叫び声　a (s　　　　　) cry

3 頭・感覚などが優れた
鋭い分析　a (p　　　　　) analysis
鋭い観察　a (k　　　　　) observation
鋭いユーモアのセンス　a (s　　　　　) sense of humor
鋭い嗅覚　an (a　　　　　) sense of smell
鋭敏な知性　a (f　　　　　) intelligence
如才ない政治家　a (s　　　　　) statesman
観察の鋭い子ども　an (o　　　　　) child
目の鋭い消費者　a (s　　　　　) user
抜け目のない少女　a (s　　　　　) girl

ANSWERS

❶ sharp, keen, pointed　❷ hard, piercing, sharp, pointed, biting, shrill
❸ penetrating, keen, sharp, acute, fine, shrewd, observant, sharp-eyed, sharp-witted

高い

1 位置が上のほうにある
- high （位置が）高い
- tall （人の背や建物などが）高い
- lofty （山・塔などが）非常に高い
- towering そびえ立つ

2 高音の
- high （声が）甲高い
- high-pitched （音・声の）調子が高い
- loud 強く響く

3 水準・程度が高い
- high 普通以上の
- elegant 格調の高い

4 身分・地位などが上位である
- high （人の地位・身分などが）高貴な
- lofty （地位などが）高い
- elevated 昇進した

5 高価である
- expensive 高価な
- high （価格・給料などが）高い
- costly 費用のかかる
- precious （宝石・貴金属などが）高価な
- valuable （金銭的に）価値の高い

「上方にある」ということだが、(a)物理的に位置が高い、(b)質や地位が高い、(c)価値が高い、の順で抽象度が増す。

YOUR TURN!

1 位置が上のほうにある

高い山　a (h　　　　　) mountain
高い建物　a (t　　　　　) building
高い絶壁　a (l　　　　　) cliff
そびえ立つホテル　a (t　　　　　) hotel

2 高音の

高い声　a (h　　　　　) voice
けたたましい警報音　a (h　　　　　) alarm
すさまじい衝突音　a (l　　　　　) crash

3 水準・程度が高い

高度な教育　education of a (h　　　　　) level
優雅なしぐさ　an (e　　　　　) manner

4 身分・地位などが上位である

身分の高い人　a man of (h　　　　　) position
高い地位を保つ　maintain a (l　　　　　) position
次のレベルに昇格する　be (e　　　　　) to the next level

5 高価である

高価な時計　an (e　　　　　) watch
彼の給料は高い。　His salary is (h　　　　　).
費用のかかる旅行　a (c　　　　　) trip
高価な宝石　a (p　　　　　) jewel
価値の高い絵画　a (v　　　　　) picture

ANSWERS

❶ high, tall, lofty, towering　❷ high, high-pitched, loud　❸ high, elegant　❹ high, lofty, elevated　❺ expensive, high, costly, precious, valuable

小さい

1　形が小さい

- small　（大きさが客観的に）小さい
- little　（しばしば感情的に）小さくてかわいい
- tiny　ごく小さい
- diminutive　ちっぽけな

2　数量・程度が下回っている

- tiny　（金額などが）ごくわずかの
- low　少量の
- light　（量が）少ない
- less　より少ない
- little　狭い、少量の

3　音量が小さい

- small　（音・声が）弱い
- little　（音・声などが）力のない
- low　（音・声が）低い
- still　（音・声などが）ひそかな

4　年齢が低い

- little　（人・動物が）若い
- small　幼い

5　重要でない

- minor　（程度において）ささいな
- small　取るに足らない
- trivial　つまらない

客観的なlargeの反対がsmall、主観的なbigの反対がlittleである。smallだけを追っていくと、「小さい、弱い、幼い、取るに足らない」と4回登場している。ニュアンスの差に注目。

YOUR TURN!

1 形が小さい
小さいボール　a (s　　　　) ball
小さな犬　a (l　　　　) dog
ごく小さな虫　a (t　　　　) insect
小さなＣＤプレーヤー　a (d　　　　) CD player

2 数量・程度が下回っている
ごくわずかのお金　a (t　　　　) sum of money
低い値段　a (l　　　　) price
軽い食事　a (l　　　　) meal
昨年より雪が少ない　have (l　　　　) snow than last year
彼は心が狭い。　He has a (l　　　　) mind.

3 音量が小さい
小さなささやき　a (s　　　　) whisper
力のない声　a (l　　　　) voice
低い音　a (l　　　　) sound
ひそかな音　a (s　　　　) sound

4 年齢が低い
弟　one's (l　　　　) brother
小さな子ども　a (s　　　　) child

5 重要でない
ささいな問題　a (m　　　　) problem
取るに足らない事柄　a (s　　　　) affair
つまらない心配　a (t　　　　) concern

ANSWERS

❶ small, little, tiny, diminutive　❷ tiny, low, light, less, little　❸ small, little, low, still
❹ little, small　❺ minor, small, trivial

遠い

1 距離が離れている

- **distant** （容易にたどり着けないほど）遠い
- **far** 遠い
- **a long way** 道のりが長い
- **remote** 遠く離れた
- **farther** もっと遠い
- **further** さらに遠い

2 関係が薄い

- **distant** （関係が）遠い
- **remote** 遠縁の
- **wide of the mark** 見当違いの

3 時間が隔たっている

- **distant** （時間的に）遠い
- **remote** （時間的に）遠く隔たった
- **far** ずっとあとの、ずっと前の
- **deep** はるか昔の

「距離の遠さ」と「時間の遠さ」に大別した。distant、remote、farは両方に用いられる。「距離の遠さ」の延長上に、「関係の薄さ」を位置づけた。

YOUR TURN!

1 距離が離れている

海から遠い	be (d) from the sea
家から遠い	be (f) from one's house
町から遠い	a (l) way from the town
遠く離れた村	a (r) village
もっと遠い国	the (f) country
さらに遠くへの冒険	the (f) adventure

2 関係が薄い

遠縁の親戚	a (d) relative
遠縁の子孫	a (r) descendant
見当違いである	be (w) of the mark

3 時間が隔たっている

遠い未来	the (d) future
遠い時代	a (r) era
遠い過去	the (f) past
はるか昔恐竜の時代に	(d) in the age of dinosaurs

ANSWERS

❶ distant, far, long, remote, farther, further　❷ distant, remote, wide　❸ distant, remote, far, deep

ひどい

1 激しい

- terrible 猛烈な
- dreadful ひどい
- severe 耐え難い
- heavy （風・雨などが）強い
- bad 重い
- ferocious すごい
- nasty （傷などが）ひどい
- gross はなはだしい
- intense 強烈な

2 悪い

- bad 不快な
- terrible ひどく悪い
- wicked 不道徳な
- lousy いやな
- awful たいへん悪い

3 悲惨な

- awful すさまじい
- cruel 残酷な

「ひどい」は非常に主観的な言葉だが、「事実上ひどい」場合と、「心理的にひどい」場合に分けられる。badとterribleは、どちらにも共通に用いられる。

YOUR TURN!

1 激しい

猛烈な風	a (t　　　　) wind
ひどい頭痛	a (d　　　　) headache
耐え難い飢饉	a (s　　　　) famine
激しい雨	a (h　　　　) rain
重い風邪	a (b　　　　) cold
すごい嵐	a (f　　　　) storm
ひどい怪我	a (n　　　　) wound
ひどいいじめ	(g　　　　) bullying
酷暑	an (i　　　　) heat

2 悪い

不快な臭い	a (b　　　　) smell
ひどい天候	(t　　　　) weather
不道徳な男	a (w　　　　) man
いやな仕事	a (l　　　　) business
ひどい考え	an (a　　　　) idea

3 悲惨な

すさまじい事故	an (a　　　　) accident
残酷なシーン	a (c　　　　) scene

ANSWERS

❶ terrible, dreadful, severe, heavy, bad, ferocious, nasty, gross, intense ❷ bad, terrible, wicked, lousy, awful ❸ awful, cruel

広い

1 面積・空間などが広い
- **large** （面積などが）広大な
- **big** （主観的に）大きい
- **wide** （幅が）広い
- **broad** （普通より）広い
- **vast** 広大な
- **extensive** 面積が広い
- **spacious** 広々とした
- **roomy** 広くてゆとりがある

2 範囲が広い
- **wide** 広範囲に渡る
- **broad** （知識・活動などが）広い
- **extensive** 手広い

3 心が広い
- **generous** 寛大な
- **liberal** 度量の大きい

「空間的に広い」場合と、「力の及ぶ範囲が広い」場合に大別した。wideとbroadとextensiveは、どちらにも共通に用いられる。

YOUR TURN!

1 面積・空間などが広い

広い庭　a (l　　　　　) garden
広い部屋　a (b　　　　　) room
広い廊下　a (w　　　　　) corridor
幅の広い川　a (b　　　　　) river
広大な畑　a (v　　　　　) field
広大な公園　an (e　　　　　) park
広々とした寝室　a (s　　　　　) bedroom
ゆとりのある台所　a (r　　　　　) kitchen

2 範囲が広い

幅広い知識　(w　　　　　) knowledge
幅広い経験　(b　　　　　) experience
広範囲の調査　(e　　　　　) examination

3 心が広い

寛大な措置　(g　　　　　) measures
貧しい人に寛大である　be (l　　　　　) to the poor

ANSWERS

① large, big, wide, broad, vast, extensive, spacious, roomy　**②** wide, broad, extensive　**③** generous, liberal

深い

1 奥や底までの距離が長い
- deep 　（上部から下方まで）深い

2 色・密度が濃い
- thick 　（闇・霧などが）濃い
- dense 　（ガス・煙などが）濃い
- deep 　（色が）濃い

3 深遠な
- deep 　（ほめて）深遠な
- profound 　（学識・考えなどが）深い

4 程度が深い
- deep 　（眠り・呼吸などが）深い
- profound 　心底からの
- heavy 　（ため息が）深い
- sound 　（睡眠が）深い

5 親密な
- close 　親密な

「深さが深い場合」と「色・密度が濃い場合」と「奥深くて計り知れない場合」がある。deepはいずれの場合にも使われる。

YOUR TURN!

1 奥や底までの距離が長い
深い谷　a (d　　　　) valley

2 色・密度が濃い
深い闇　(t　　　　) darkness
濃霧　a (d　　　　) fog
濃い緑　(d　　　　) green

3 深遠な
深い考え　a (d　　　　) thought
深い研究　a (p　　　　) study

4 程度が深い
深呼吸をする　take a (d　　　　) breath
深い悲しみ　(p　　　　) sorrow
深いため息　a (h　　　　) sigh
深い眠り　a (s　　　　) sleep

5 親密な
親密な関係 a (c　　　　) relationship

ANSWERS

❶ deep　❷ thick, dense, deep　❸ deep, profound　❹ deep, profound, heavy, sound
❺ close

ぼんやりした

1 はっきりしない
- **vague** （形・態度などが）はっきりしない
- **obscure** 明瞭でない
- **faint** （考え・記憶などが）おぼろな
- **misty** かすんだ
- **dim** はっきりしない、暗い

2 放心して
- **absent** （表情などが）放心状態の
- **thick-headed** （寒さ・酒などで）ぼんやりした
- **vacant** （表情などが）うつろな
- **blank** 生気のない

3 不注意な
- **absent-minded** うわの空の
- **abstracted** うっかりした、うわの空の
- **careless** 不注意な

4 気が利かない
- **tactless** 気の利かない

5 何もしない
- **idly** 何もしないで

「形がはっきりしない場合」と、「心がうつろな場合」と、「生活が空疎な場合」に三分した。最後の idly は「ぼんやりと、何もしないで」という副詞である。

YOUR TURN!

1 はっきりしない
あいまいな答え　a (v　　　　) answer
はっきりしない理由　an (o　　　　) reason
かすかな記憶　(f　　　　) memories
かすんだ山　a (m　　　　) mountain
将来の暗い見通し　a (d　　　　) view of the future

2 放心して
ぼんやりした表情　an (a　　　　) look
酒の飲みすぎでぼんやりする　drink oneself (t　　　　)
うつろな目　(v　　　　) eyes
生気のない顔　a (b　　　　) face

3 不注意な
不注意なドライバー　an (a　　　　) driver
ときどきぼんやりする　be (a　　　　) at times
不注意な誤り　a (c　　　　) mistake

4 気が利かない
気の利かない言葉　(t　　　　) words

5 何もしない
ぼんやりと生活する　live (i　　　　)

ANSWERS

❶ vague, obscure, faint, misty, dim　❷ absent, thick-headed, vacant, blank
❸ absent-minded, abstracted, careless　❹ tactless　❺ idly

よい

1 優れている
- **good** （質・程度などが）上等な
- **better** よりすぐれた
- **best** 最善の
- **nice** 立派な

2 好ましい
- **right** （最も）適切な
- **suitable** ふさわしい
- **proper** 適した
- **fit** ぴったりの
- **good** 望ましい
- **wish** 動 ～であればいいのに

3 正しい・効果がある
- **good** （道徳的に）正しい
- **right** （行為などが）正当な
- **effective** 効果的である

4 十分な
- **ready** 用意ができている
- **enough** （数量的に）十分な

5 ～していい（許可）
- **may** ～してよい
- **can** ～してもよい

6 ～したほうがいい（助言）
- **should** ～したらよい
- **had better** ～するほうがよい

「客観的に優れている場合」と「主観的に好ましい場合」に大別してある。最後の「～していい」「～したほうがいい」はどちらも助動詞を用いた表現である。

YOUR TURN!

1 優れている
- よい友だち　a (g　　　　) friend
- よりよい機会　a (b　　　　) chance
- 最善の結果　the (b　　　　) result
- 上等なギター　a (n　　　　) guitar

2 好ましい
- 適切な場所　the (r　　　　) position
- ふさわしい人物　a (s　　　　) person
- 適切な治療　the (p　　　　) remedy
- ふさわしい時　a (f　　　　) time
- 望ましい状況　a (g　　　　) situation
- 日本人ならいいのに。　I (w　　　　) I were a Japanese.

3 正しい・効果がある
- 行儀がよい　have a (g　　　　) manner
- 人をだますのはよくない。　It isn't (r　　　　) to deceive others.
- 効果的な教授法　an (e　　　　) way of teaching

4 十分な
- 始める準備はできています。　I'm (r　　　　) to start.
- もう十分だ。　That's (e　　　　).

5 〜していい（許可）
- 行ってもいいですよ。　You (m　　　　) go.
- それを食べてもいいですよ。　You (c　　　　) eat it.

6 〜したほうがいい（助言）
- 彼に本当のことを言ったほうがいい。　You (s　　　　) tell him the truth.
- ここにとどまったほうがいい。　You had (b　　　　) stay here.

ANSWERS

❶ good, better, best, nice　❷ right, suitable, proper, fit, good, wish　❸ good, right, effective　❹ ready, enough　❺ may, can　❻ should, better

199

立派な

1 堂々とした・見事な
- **excellent** 非常に優秀な
- **magnificent** （外観などが）壮大で壮麗な
- **fine** （並以上に）立派な
- **nice** 結構な
- **splendid** 華麗な
- **brilliant** （業績などが）華々しい

2 尊敬に値する
- **respectable** （社会的に）まともな
- **honorable** 尊敬すべき
- **good** （道徳的に）正しい
- **fine** （並以上に）立派な
- **praiseworthy** 称賛に値する
- **noble** 気高い
- **reputable** 評判の良い
- **venerable** （高齢・高位などで）崇敬すべき
- **creditable** 称賛に値する

3 正当な・十分な
- **good** 正当な
- **enough** （必要に足りるだけ）十分な
- **sufficient** （ある目的のために）十分な
- **adequate** （〜するに）足る、（〜に）十分な

「立派な」は敬意、賛嘆を表す言葉だが、「立派な証拠」のように「正当な、十分な」という意味で使われる場合もある。

YOUR TURN!

1 堂々とした・見事な

非常に優秀な生徒　an (e　　　　) student
壮大な景色　a (m　　　　) landscape
立派なレストラン　a (f　　　　) restaurant
結構な食事をとる　have a (n　　　　) dinner
壮麗なホテル　a (s　　　　) hotel
華々しい経歴　a (b　　　　) career

2 尊敬に値する

立派な職業　a (r　　　　) job
尊敬すべき科学者　an (h　　　　) scientist
立派な行い　a (g　　　　) deed
立派な絵　a (f　　　　) picture
称賛に値する挑戦　a (p　　　　) challenge
気高い女王　a (n　　　　) queen
評判の良い弁護士　a (r　　　　) lawyer
崇敬すべき僧侶　a (v　　　　) priest
称賛に値する試み　a (c　　　　) attempt

3 正当な・十分な

正当な理由　a (g　　　　) reason
十分な証拠　(e　　　　) evidence
十分に努力する　make (s　　　　) efforts
十分な回答　an (a　　　　) answer

ANSWERS

❶ excellent, magnificent, fine, nice, splendid, brilliant　❷ respectable, honorable, good, fine, praiseworthy, noble, reputable, venerable, creditable　❸ good, enough, sufficient, adequate

悪い

1 正しくない
- **bad** 不道徳な
- **wrong** （道徳的に）間違った
- **wicked** 意地悪な
- **evil** 邪悪な
- **ill** 邪悪な、いやな
- **vicious** 非道な

2 好ましくない
- **bad** 好ましくない
- **unhealthy** 健康に良くない

3 悪意のある
- **nasty** 意地悪な

4 質・程度が劣った
- **bad** へたな、不快な
- **poor** 不得意な、貧弱な

5 有害な
- **bad** 有害な
- **harmful** 害を及ぼす

6 具合が悪い
- **bad** 体の具合が悪い
- **poor** 不健康な
- **wrong** （機械などが）故障した、（人が）具合が悪い

「道徳的に悪い場合」と「質的に悪い場合」に大別してある。badはどちらの意味にも使え、5カ所に登場する汎用語である。

YOUR TURN!

1 正しくない
悪い行い　a (b　　　　　) behavior
間違った考え　a (w　　　　　) idea
意地悪な質問　a (w　　　　　) question
邪悪な心　an (e　　　　　) mind
悪い影響　(i　　　　　) effects
悪徳商法　a (v　　　　　) business

2 好ましくない
悪い習慣　a (b　　　　　) habit
喫煙は健康に良くない。　Smoking is (u　　　　　).

3 悪意のある
意地悪な評判　a (n　　　　　) reputation

4 質・程度が劣った
悪い印象を与える　give a (b　　　　　) impression
物覚えが悪い　have a (p　　　　　) memory

5 有害な
健康に有害である　be (b　　　　　) for one's health
ダイオキシンは有害だ。　Dioxin is (h　　　　　).

6 具合が悪い
今日は気分が良くない。　I feel (b　　　　　) today.
調子が悪い　be in (p　　　　　) condition
コンピュータの調子が悪い。
　There is something (w　　　　　) with the computer.

ANSWERS

❶ bad, wrong, wicked, evil, ill, vicious　❷ bad, unhealthy　❸ nasty　❹ bad, poor
❺ bad, harmful　❻ bad, poor, wrong

203

あなたも『逆単』しよう！

　176ページに「かたい」という形容詞が出てくる。見出しを「かたい」とひらがなにしたのは、「硬い」「固い」「堅い」の3つの表記を含むからだ。では、漢字の違いとそれに対応する英単語の違いを右ページの穴埋め問題で確認してみよう。

硬い枕　　a (firm) pillow
硬いステーキ　a (tough) steak
固いふた　a (tight) lid
堅い決心　a (firm) decision
堅い仕事　a (solid) business

　「硬い」「固い」「堅い」の使い分けは、日本語でも難しい。うまく説明することはできないが、ひとつの方法はそれぞれの反対語を示すことだろう。
　まず、「硬い」の反対語は「柔らかい」。「柔らかい枕」「柔らかいステーキ」などの例で納得がいく。次に、「固い」の反対語は「ゆるい」。「ゆるいふた」でご納得いただけるだろう。最後に、「堅い」の反対語は？　そう、「もろい」である。これは「堅い守り」に対する「もろい守り」あたりを考えると一応の得心がいく。
　ちなみに、「柔らかい枕」は a soft pillow、「ゆるいふた」は a loose lid、「もろい守り」は weak defense である。
　このように、漢字の違いと英単語の違いを照らし合わせるのも、なかなか興味深い。ついでながら、「ゆるい」を『逆単』すると、loose, slack, lax, slow, gentle などの単語が「この指とまれ」に集まってくる。最後の gentle は a gentle slope（ゆるい斜面）のように使われる。
　実は本書を書く前の作業として、私は200個の概念を『逆単』し、そのリサーチ結果を見回した上で100個の概念を選んで本にした。残りの100個も付録にしてお見せしようかとも思ったが、それはあなたのためにとっておくことにした。
　というわけで、あなたもぜひ『逆単』の楽しみを覚えてほしい。本書の最大のプレゼントは、『逆単』の楽しみを伝えることだったのである。

Part 3
名詞編

CHART 001

運動

1 体を動かすこと
- **exercise** （身体の）運動
- **sport** スポーツ
- **athletics** 運動競技

2 物体の移動
- **movement** （特定の方向への規則的な）動き
- **motion** 動作
- **locomotion** 移動

3 働きかけること
- **campaign** （政治的・社会的）組織的活動
- **movement** （政治的・社会的）運動
- **activity** （ある目的のために反復される）活動
- **demonstration** 示威運動
- **cause** （主義・主張を持った）運動
- **crusade** 改革（擁護・撲滅）運動

運動は大きく分けると「身体的（物理的な）な運動」と、「社会的な運動」に分けられる。運動とは、目的を持って動くことである

YOUR TURN!

1 体を動かすこと
運動が必要である　need some (e　　　　　)
マリンスポーツが好きだ。　I like marine (s　　　　　).
運動競技を推進する　promote (a　　　　　)

2 物体の移動
地球の動き　the (m　　　　　) of the Earth
動物の動作　an animal (m　　　　　)
移動手段　the ways of (l　　　　　)

3 働きかけること
選挙運動　an election (c　　　　　)
政治運動　a political (m　　　　　)
宣伝活動　advertising (a　　　　　)
反政府デモ　a (d　　　　　) against the government
平和運動　a (c　　　　　) of peace
麻薬撲滅運動　a (c　　　　　) against drugs

ANSWERS

❶ exercise, <u>sports</u>, athletics　❷ movement, motion, locomotion　❸ campaign, movement, activity, demonstration, cause, crusade

型、形

① 形状
- **shape** 形状

② 様式・種類
- **type** 類型
- **model** （服・自動車などの）型
- **style** （行動・生活などの）様式
- **pattern** （製品などの）型
- **size** （商品などの）サイズ
- **fashion** 様式
- **make** （物の）作り、型
- **vintage** （製品の）〜年型
- **cut** （服・髪などの）型

③ 原型
- **model** 原型、模型
- **mold** （鋳物などの）鋳型
- **shape** （物に形をつける）型
- **form** 枠組み
- **pattern** 型紙、鋳型

④ 抵当
- **security** 担保
- **collateral** 担保

具体物の場合は「形状」となり、グループに対しては「型、様式」となる。たくさんの個体を作るための鋳型は「原型」である。

YOUR TURN!

1 形状
丸い形状　a round (s　　　)

2 様式・種類
新型携帯電話　a new (t　　　) of cell phone
最新型のカメラ　a camera of the latest (m　　　)
日本式　Japanese (s　　　)
最新型　the latest (p　　　)
同じサイズ　the same (s　　　)
古い様式の腕時計　old (f　　　) watches
新型の航空機　a new (m　　　) of aircraft
2000年型の車　a car of 2000 (v　　　)
流行の髪型　the popular (c　　　)

3 原型
戦艦の模型　a battleship (m　　　)
色々な形の鋳型　various shaped (m　　　)
花の型を使う　use the flower (s　　　)
石膏を型枠に注ぐ　pour plaster into the (f　　　)
型紙を切る　cut a paper (p　　　)

4 抵当
借金の担保として家を取る　take a house as (s　　　) for a loan
土地を担保にする　give one's property as (c　　　)

ANSWERS

❶ shape　❷ type, model, style, pattern, size, fashion, make, vintage, cut　❸ model, molds, shape, form, pattern　❹ security, collateral

考え

1 思考
- idea 観念
- thought （心に浮かぶ）考え
- concept 概念
- notion 漠然とした考え、概念
- conception （個人が心に抱く）考え
- reflection 熟考
- thinking 思考、考え方

2 思いつき
- idea 着想
- thought （理性的な）思いつき

3 意見
- opinion 意見
- view （個人的感情を含む）意見

4 意図
- intention 意図

5 予想
- guess 推測
- impression （漠然とした）感じ
- expectation 期待
- imagination 想像

自分の頭の中にある時は「思考」であり、それが外に表明されると「意見」となる。「意図」や「予想」も、外に表されないと検証のしようがない。

YOUR TURN!

1 思考

自由の観念　one's (i　　　　) of freedom
子どもの思考　(t　　　　) of a child
戦争の概念　the (c　　　　) of war
宗教の概念　the (n　　　　) of religion
責任の考え方　the (c　　　　) of responsibility
人生についての熟考　(r　　　　) on one's life
明晰な思考　clear (t　　　　)

2 思いつき

良い考え　a good (i　　　　)
自分の考えを表明する　express one's (t　　　　)

3 意見

私も同じ意見です。　I have the same (o　　　　).
意見に反対する　oppose to one's (v　　　　)

4 意図

意図を理解する　understand one's (i　　　　)

5 予想

これは私の推測にすぎない。　This is just my (g　　　　).
あなたはどう思いますか。　What is your (i　　　　)?
期待に反して　contrary to one's (e　　　　)
私の想像する限り　as far as my (i　　　　) goes

ANSWERS

❶ idea, thought, concept, notion, conception, reflection, thinking　❷ idea, thought
❸ opinion, view　❹ intention　❺ guess, impression, expectation, imagination

傷

1 負傷
- injury （事故などによる）負傷
- hurt （比較的軽い）けが
- wound （戦争などで武器による重症の）傷
- cut 切り傷

2 品物の傷
- bruise （野菜・果物の）傷
- scratch ひっかき傷
- flaw （宝石・陶器などの）傷
- chip （瀬戸物などの）欠けた傷
- crack ひび

3 心の傷
- bruise 心の傷
- wound （感情・名誉などの）痛手

4 欠点
- blot （名声などの）汚点
- tarnish （名誉・評判などの）汚点

物理的に与えられた「傷」と心理的に与えられた「傷」がある。心理的な傷も、内面に残された「心の傷」と、他人の評価の中に残る「汚点」の2種類がある。

YOUR TURN!

1 負傷

重傷　a serious (i　　　　)
軽いけが　a slight (h　　　　)
致命傷を負う　get a fatal (w　　　　)
ほおの切り傷　a (c　　　　) on one's cheek

2 品物の傷

桃に付いた傷　a (b　　　　) on a peach
ガラスに付いたひっかき傷　a (s　　　　) on the glass
壺の傷　a (f　　　　) in the pot
皿の欠け目　a (c　　　　) on the plate
壁のひび　a (c　　　　) in the wall

3 心の傷

心の痛手をいやす　heal one's (b　　　　)
精神的な痛手を引き起こす　cause a mental (w　　　　)

4 欠点

人生における汚点　a (b　　　　) on one's life
評判に汚点を残す　leave a (t　　　　) on one's reputation

ANSWERS

❶ injury, hurt, wound, cut　❷ bruise, scratch, flaw, chip, crack　❸ bruise, wound
❹ blot, tarnish

CHART 005

言葉

① 言語
- language （個々の）言語
- speech 話し言葉

② 語句・言葉遣い
- word 単語
- speech 話し方
- language 言い回し
- term 専門用語
- phrase 熟語
- vocabulary 語彙

③ 表現
- expression 表現
- compliment あいさつ

④ 発言
- statement 陳述、言明
- observation 意見
- talk 話
- word 短い話
- speech 演説

「言葉」を言葉自体と、それが誰かに向けて発せられる場合に分けた。後者に該当するのが、「陳述、意見、話、演説」というわけだ。

YOUR TURN!

1 言語
外国語を勉強する　study a foreign (l　　　　)
南部の言葉の特徴　features of southern (s　　　　)

2 語句・言葉遣い
その言葉の意味　the meaning of the (w　　　　)
話し方が彼女の本質を映し出している。　Her (s　　　　) reflects her nature.
抽象的な言い回しを用いる　use abstract (l　　　　)
専門用語の乱用　abuse of technical (t　　　　)
英熟語をマスターする　master English (p　　　　)
語彙の欠如　lack of (v　　　　)

3 表現
脅迫的な表現　threatening (e　　　　)
時候のごあいさつを申し上げます。　With the (c　　　　) of the season.

4 発言
政治的発言　one's political (s　　　　)
意見を述べる　make an (o　　　　)
話を信じる　believe one's (t　　　　)
話が終わったあとで　after one's (w　　　　) ended
演説をする　deliver a (s　　　　)

ANSWERS

❶ language, speech　❷ word, speech, language, <u>terms</u>, <u>phrases</u>, vocabulary
❸ expression, <u>compliments</u>　❹ statement, observation, talk, <u>words</u>, speech

力

1 物を動かす力
- **force** 物理的な力
- **power** 力
- **agent** 作因、動因
- **strength** （身体的）力

2 気力・体力
- **strength** 体力
- **might** 腕力
- **force** 気力
- **energy** 精力

3 能力・実力
- **power** （何かをする）能力
- **faculty** （身に付いている）才能
- **ability** （実際に物事ができる）能力
- **capability** （仕事や目的などの達成に必要な）素質があること

4 権力
- **power** 支配力
- **influence** 勢力

5 助力
- **help** 助力

「物理的な力」と「人間的な力」と「社会的な力」に三分した。潜在的な力とそれが顕在化した場合という見方もある。powerは「潜在的な場合」と「顕在化した場合」の両方に使われる。

YOUR TURN!

1 物を動かす力

落下する水の力　the (f　　　　) of the falling water
風の力　the (p　　　　) of the wind
発展の動因　the (a　　　　) of development
力の強い男　a man of great (s　　　　)

2 気力・体力

体力　physical (s　　　　)
力いっぱい　with all one's (m　　　　)
気力をなくす　lose one's (f　　　　)
精力にあふれている　be full of (e　　　　)

3 能力・実力

潜在能力　a potential (p　　　　)
芸術の才能　an artistic (f　　　　)
翻訳する能力　the (a　　　　) to translate
中国語を教える素質がある　have the (c　　　　) of teaching Chinese

4 権力

政治的支配力が必要とされる　political (p　　　　) is required
勢力のある国　a country of (i　　　　)

5 助力

助力が必要である　need one's (h　　　　)

ANSWERS

❶ force, power, agent, strength　❷ strength, might, force, energy　❸ power, faculty, ability, capability　❹ power, influence　❺ help

CHART 007

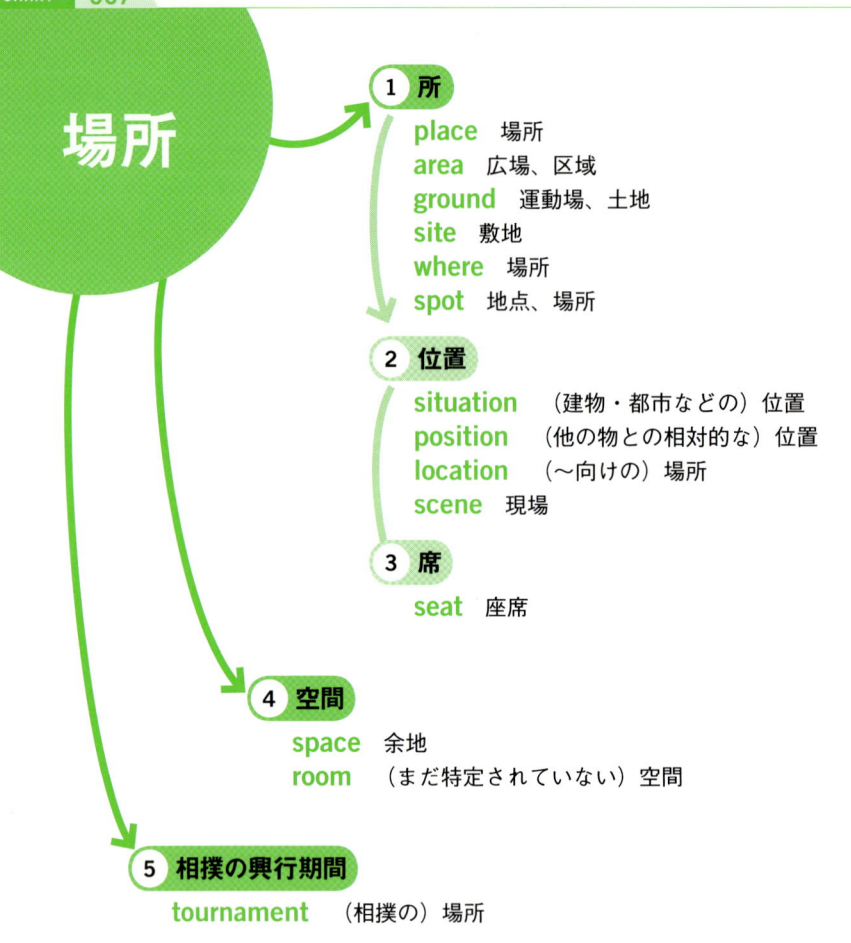

場所

1 所
- **place** 場所
- **area** 広場、区域
- **ground** 運動場、土地
- **site** 敷地
- **where** 場所
- **spot** 地点、場所

2 位置
- **situation** （建物・都市などの）位置
- **position** （他の物との相対的な）位置
- **location** （〜向けの）場所
- **scene** 現場

3 席
- **seat** 座席

4 空間
- **space** 余地
- **room** （まだ特定されていない）空間

5 相撲の興行期間
- **tournament** （相撲の）場所

1番目の意味グループは「ものを置く場所」あるいは「ものが存在する場所」である。2番目は置かれるものに関係なく、そこに開かれているスペースという抽象的な場所を表している。

218　GYAKU-TAN / CHAPTER 01

YOUR TURN!

1 所

劇場のある場所　the (p　　　　) of the theater
住宅地区　the residential (a　　　　)
サッカー場　a soccer (g　　　　)
遊園地の敷地　a (s　　　　) for an amusement park
会議の時間と場所　the when and (w　　　　) of the meeting
海の見える場所　an ocean view (s　　　　)

2 位置

会社の位置　the (s　　　　) of one's office
ドアに近い場所　the (p　　　　) near the door
レストランに好適な場所　a good (l　　　　) for a restaurant
爆発のあった場所　the (s　　　　) of the explosion

3 席

私の席はどこですか。　Where is my (s　　　　)?

4 空間

余地がない。　There is no (s　　　　).
人に場所を空ける　make (r　　　　) for a person

5 相撲の興行期間

相撲の夏場所　Summer Sumo (T　　　　)

ANSWERS

❶ place, area, ground, site, where, spot　❷ situation, position, location, scene
❸ seat　❹ space, room　❺ Tournament

話

1 会話
- **talk** 話し合い
- **conversation** 会話
- **speech** 発言

2 うわさ
- **gossip** うわさ話
- **talk** 口先だけの空論

3 物語
- **story** （事実に基づく・架空の）物語
- **tale** （架空・実際の）物語
- **narrative** （事実に基づく）物語
- **narration** 物語〈語る動作に重点がある〉

4 話の内容
- **story** 話（の内容）

5 話題
- **topic** （議論などの）論題
- **subject** 主題

1番目の意味グループは「話」を外側から見た場合。会話やうわさ話や物語などに分かれる。
2番目の意味グループは「話」を内側から見た場合。話の筋道や主題に焦点が当てられている。

YOUR TURN!

1 会話
人と話し合いをする　have a (t　　　　　) with a person
人と会話を楽しむ　enjoy (c　　　　　) with a person
彼の話は信じられない。　His (s　　　　　) is incredible.

2 うわさ
女性はうわさ話が好きだ。　Women like (g　　　　　).
彼は口先だけの男だ。　He's all (t　　　　　).

3 物語
推理小説　a detective (s　　　　　)
民話　a folk (t　　　　　)
冒険の物語　a (n　　　　　) of adventures
彼の夢物語　the (n　　　　　) of his dream

4 話の内容
面白い話　an interesting (s　　　　　)

5 話題
今日の論題　today's (t　　　　　)
話題を変える　change the (s　　　　　)

ANSWERS

❶ talk, conversation, speech　❷ gossip, talk　❸ story, tale, narrative, narration　❹ story　❺ topic, subject

道

1 道路
- road　（車の通れる）道路
- way　道
- street　（街の）通り
- path　小道
- route　道筋、ルート、…号線
- track　（踏みならされて出来た）小道
- trail　通った跡
- avenue　（都市の）大通り
- highway　幹線道路

2 進路
- way　進路
- course　進路、方針

3 距離・道のり
- way　道のり

4 方法・手段
- way　やり方
- road　方法
- means　手段

5 方面・分野
- field　（研究などの）分野
- realm　（学問などの）分野
- area　分野、領域

目に見える具体物としての「道」と抽象的な「方法・手段」に大別される。「方法・手段」の延長上にさらに抽象度の高い「方面・分野」がある。

YOUR TURN!

1 道路

この道に沿って行く　go along this (r　　　　)
駅へ行く道　the (w　　　　) to the station
通りの向かい側　the other side of the (s　　　　)
森を抜ける道　a (p　　　　) through the forest
246号線で行く　take (R　　　　) 246
車の（タイヤの）跡　car (t　　　　)
血痕の跡を追う　follow a (t　　　　) of blood
私は5番街に住んでいる。　I live on Fifth (A　　　　).
幹線道路は渋滞している。　The (h　　　　) is jammed.

2 進路

こちらへおいでください。　Come this (w　　　　).
方針を変える　change one's (c　　　　)

3 距離・道のり

遠い道のりだ。　It's a long (w　　　　) to go.

4 方法・手段

歌のダウンロードのやり方　the (w　　　　) to download songs
成功への道　the (r　　　　) to success
目的達成の手段　a (m　　　　) to achieve one's end

5 方面・分野

その分野で有名である　be famous in that (f　　　　)
医学の分野で　in the (r　　　　) of medicine
科学の全領域　the whole (a　　　　) of science

ANSWERS

❶ road, way, street, path, Route, tracks, trail, Avenue, highway　❷ way, course
❸ way　❹ way, road, means　❺ field, realm, area

索引

A

a long way	188
abide by	152
ability	216
absent	196
absent-minded	196
abstracted	196
accept	034, 044, 130, 156
accommodate	034
accompany	032, 078
accomplish	092
accrue	104
achieve	092
acknowledge	156
acquire	108
acrid	178
activity	206
acute	182
adapt	028
add	028, 078, 108
add in	078
add up	122
adequate	200
adhere	104
adjust	028, 126
admit	156
adopt	130
advance	088
advise	030, 096
agent	216
agree to	044
agree with	020
agreeable	020
allow	156
amount	092, 140
answer	044, 124
appoint	046
approach	076
approve	156
arch	062
area	218, 222
argue (that)	144
arrange	126
arrive	076, 092
ascend	140
ask	030
assert	030, 144
associate	078
athletics	206
attach	104, 108
attain	092
attend	096, 104, 118
attract	146
avenue	222
awake	050
awful	190

B

bad	190, 202
base	046
be able to	116
be annoyed	082
be appropriate to	044
be at a loss	082
be badly off	082
be blessed	036
be bothered	082
be built	116
be capable of	116

be careful	096	bear fruit	162
be caught	062	beat	024, 040, 166
be competent	116	beautiful	180
be completed	116	believe	058
be concerned	064	benefit	022
be convicted	036	bequeath	110
be depressed	150	best	198
be embarrassed	082	better	198
be equal to	024, 086	beware	096
be equivalent to	024	bid	108
be established	116	big	174, 192
be expensive	144	bind	162
be familiar (with)	098	biting	182
be going to	058	blank	196
be good at	116	block	150
be in a fix	082	bloom	148
be in difficulties	082	blot	212
be in trouble	082	blow	074
be made	116	bolt	128
be out of stock	074	boost	022
be perplexed	082	bottle	114
be pinched	082	box	114
be possible	116	breach	166
be present	118	break	072, 124, 166
be pressed	082	break away	090
be puzzled	082	break off	090
be ready	116	break out	116
be shocked	036	break with	090
be skillful	116	breathe	024
be stained	104	bright	116, 172
be suitable for	160	brilliant	116, 200
be through with	072, 090	bring down	110
be understood	098	bring out	088
be well-informed	098	bring up	064
be wise	098	bring ~ into the world	130
be worried	064	broad	192
be worth	086	bruise	212
bear	086, 104, 164	buckle	128

budget	094
build	050,106
bulky	174
bump	024
bung up	150
buy	126

C

call	050,076
calm	052
campaign	206
can	116,198
cancel	130
capability	216
capture	132
careless	196
carry	120,164
carve	072
catch	024,036,102,146
catch fire	104
cause	050,206
caution	096
characterize	042
check	028,108,128
checkmate	114
cheerful	172
chip	212
chop	072
claim	030
clasp	062,128
clean	180
clear	070,172,180
clear up	070,124
clear-headed	074
clever	116
climb	140
climb down	060
clip	072
close	020,150,194
close up	114
clutch	102
cohere	122
collateral	208
combine	028
come	032,076,142
come and do	076
come around	134
come down	060,084
come from	118
come in	142
come out	118
come over	104
come to	052,092,140
come up	140
commit suicide	090
communicate	098,110
commute	032
compliment	214
comply with	044
compose	052
concede	156
conceive	068
concept	210
conception	210
conclude	162
condition	126
conduct	110,120
confess	156
confiscate	130
confront	024
congenial	020
connect	122,162
consent to	044
consider	034,068,130
construct	106
consult	146,158

contain	142	decide (on)	052
continue	112	decline	066,084
contract	104,162	deduct	146
contravene	166	deep	188,194
conversation	220	defeat	166
convey	110	defend	152
cook	106	degrade	056
cool	052	delay	138
coordinate	126	deliver	078,110
correct	134	demonstration	206
correspond to	020,024	dense	194
cost	062,104	depart	118
costly	184	depend	062
count	034	depict	042
course	222	deprive	130
cover	026,032,064	descend	060
crack	166,212	describe	030,042
cram	114	develop	138
crash	094	devise	094
create	106	devolve	062
creditable	200	dice	072
crop	116	die	070
cruel	190	dim	196
crusade	206	diminutive	186
cry	022	disappear	070,080
cube	072	disarm	130
cure	134	discharge	118
cut	072,090,208,212	disconnect	072,090
cut off	072,090,128	disembark	060
cut out	074	dismount	060
cut well	074	dispatch	048
		display	088

D

		dispossess	130
dangle	084	disqualify	130
deaden	080	dissociate	090
deal	078	distant	188
deal in	026	distinguish	156
deal with	026	dot	040

227

doubt	058
drag	146
drain	072
draw	042,136,144,146
draw away	136
draw up	128
dreadful	190
dream	068
drip	054,056
drive ~ back home	048
drop	054,056,084

E

earn	094
effective	198
elegant	184
elevate	022
elevated	184
eliminate	080
employ	100
end	090,162
end up	052
endure	086
energy	216
enlist	034
enough	198,200
enter	034,142
enter into	162
equip	126
erase	080
erect	094
establish	046,052,106
evil	202
examine	158
excellent	116,200
excite	050
exercise	206
expect	058,068
expectation	210
expensive	184
expire	074
express	030
expression	214
extend	112,138
extensive	192
extinguish	080

F

face	160
face up to	024
faculty	216
fade	054,070
fail	054,056
faint	196
fair	180
fall	024,054,060,076,084
fall into	062,104
fancy	042
far	188
farther	188
fashion	208
feel	036,058
ferocious	190
ferry	168
fetch	076,078
field	222
figure	042
fill	044,114,150
fill in	150
filter	122
find	106,156
fine	180,182,200
finish	116,118
firm	176
fit	020,028,160,198
fix	108,126,128,134

flatten	138
flaw	212
flunk	056
flush	140
fly	032
focus	028
follow	076,104,108,112,152
force	120,216
form	208
formal	176
forward	048
found	050,106
freeze	144
frequent	032
frost	060
fruit	162
further	188

G

gain	078,092,104
gape	148
gather	078
generate	050
generous	192
get	024,032,036,102,132,142,164
get across	098
get ahead of	136
get at	092,102
get back	084
get by	122
get down	060
get in	142
get into	142
get off	060
get oneself together	052
get out	118
get out of ~	060
get ready	126
get rid of	080,132
get through	098,100
get to	092
get ~ across	168
get ~ into ...	034
give	050,110,148,168
give away	168
give up	090,168
glue	108
go	032,070,098
go around	154
go around to	154
go away	070
go back on	166
go by	122
go down	054,060,066,084
go in	142
go into	142
go on	104,112
go out	070,118
go over	032
go round	154
go through	036,122
go through with	120
go up	140
go with	020
good	164,198,200
gossip	220
grab	102
graduate	118
grant	034
grasp	102
great	174
grip	102
gross	190
ground	046,218
grow	106,138,144
guard	152

guess	058, 210

H

had better	198
hammer	040
hand	168
hand down	110
hand in	088, 168
hand over	168
handle	026, 100
hang	062, 064, 084
hang out	032
hang up	072
hard	176, 178, 182
harmful	202
haunt	032
have	036, 104, 106, 164
heal	134
hear	142
heavy	174, 190, 194
heed	096
help	134, 158, 216
Here comes	076
high	184
high-pitched	184
highway	222
hit	024, 040, 092
hold	102, 112, 142, 148, 164
honorable	200
hope	058
huge	174
humble	056
hurt	212

I

idea	210
idly	196
ill	202
image	042
imagination	210
imagine	042, 058, 068
impression	210
improve	138
incline	066, 160
include	034, 078, 142
increase	022, 138
inflict	078
influence	038, 216
inform	110
injury	212
insert	034
insist (on)	030
install	146
intend	068
intend to do	058
intense	190
intention	210
intercede	142
interfere	142
interpose	034
interrupt	090
introduce	034
invest	100
irrigate	146
issue	088

J

jam	114, 150
join	028, 142, 162
judge	068, 158

K

keen	074, 182
keep	046, 108, 120, 152, 164
keep ~ in countenance	094
keep ~ in mind	128

kill	080
kill oneself	090
knock	040
knot	162
know a thing or two	098
know what one is about	098
know ~ very well	172

L

lace	120,162
land	054,060
language	214
lap	040
large	174,192
last	112,164
launch	050
lay	046,078
lay eyes on	128
lay ~ to heart	128
lead	048,098,112,146
lead up to	098
lean	066
leave	032,046,072,118
leave out	056,136
lend oneself to	160
lengthen	138
less	186
let	156
let in	120
let ~ into ...	034,120
level up	022
liberal	192
lift	022
light	108,172,186
like	020
line	112,146
link	162
list	066

little	186
live	048
locate	046
location	218
lock	062
locomotion	206
lofty	184
look	160
look after	096,158
look at	158
look back upon	068
look on	158
look out	158
look over	158
look to	160
look up	146
loose	124
lose	056
loud	174,184
lousy	190
lovely	180
low	186
lower	056,084
luck out	160
luminous	172

M

magnificent	200
mail	048,088
maintain	152
make	094,106,126,162,208
make a hit	024
make a profit	022
make it	076
make the round	154
make use of	100
manage	026
manufacture	106

mark	096,108
match	020
may	198
mean	030,068
means	222
meditate	068
meet	044,142
meet with	036
mend	134
mention	030,088
merry	172
might	216
mind	096
minor	186
miss	056,082
misty	196
mix	078
model	208
mold	208
more	174
most	174
motion	206
mount	140
move	038,040,050
move over	114
movement	206
multiply	064
murder	080
mute	080

N

nail	040
narration	220
narrative	220
nasty	190,202
neat	180
nice	198,200
noble	200
note	096,132
notice	096
notify	110
notion	210
number	092

O

obey	152
obscure	196
observant	182
observation	214
observe	096,152,156
obstruct	150
obtain	132
occupy	132,150
omit	136
open	098,116,148
open up	148
operate	026,038
opinion	210
order	030
organize	106
oust	130
outline	042
outrun	136
overhang	062
overtake	136
own	156,164

P

pack	114
package	114
paint	042
pass	038,048,070,110,120,122,136,168
pass along	114
patch up	134
path	222
pattern	208

pay	036,164
pay attention	096
pencil	042
penetrate	122
penetrating	182
permit	156
phrase	214
pick up	130
picture	042
piercing	182
pin	128
pitch	144
place	046,218
plan	068,094
play	064
plead	156
plug	114
point	160
point out	096
pointed	182
poor	202
portray	042
position	218
possess	164
post	046
postpone	138
potent	178
power	216
practice	100
praiseworthy	200
precious	184
prepare	106,126
preserve	152
pretty	180
prevent	128
produce	088,106
profit	022
profound	194
propagate	110
proper	198
protect	152
provoke	050
publish	088
puff	074
pull	136,146
pull up	128
pulsate	040
punctuate	040
purchase	126
pure	180
push	038,138
put	046,108
put forth	088
put off	138
put out	080,088
put through	120
put up	094
put up with	086
put ~ across	168
put ~ in order	126
put ~ into ...	034
put ~ over	168
put ~ together	028

Q

quit	090

R

raise	022,050,094,106,124
reach	038,092,132,138,140
read	124
ready	198
realize	092
realm	222
recall	058
receive	036,132,142

233

reckon	068	roar	022,094
recognize	156	rob	132
recruit	034	roll	138
rectify	134	roll up	076
reduce	056,146	room	218
reek	094	roomy	192
refer to	030	rotate	154
reflect	068	round	154
reflection	210	route	222
regard	068,096,158	rub out	080
relax	052	run	032,038,054,098,118,120,144
release	124	run down	074
remain	120	run into	092
remark	030	run on	112
remedy	134	run out	074
remember	058,068	run up	092

S

remit	048	satisfy	044
remote	188	saw	072
remove	038,056,080,132,136	say	030
repair	134	scale	140
reply to	044	scene	218
report	110	scratch	212
represent	042	scream	022
reputable	200	seal	150
reserve	132	season	126
resist	086	seat	218
respectable	200	secure	152
respond to	044	security	208
return	044,076	see	048,142,156,158
revolve	154	seize	102
rich	178	send	034,040,048,088,110
riddle	124	send in	120
ride	032,122	serious	174,176
right	198	serve	088
rigid	176	set	028,046,054,066
rip	166	set up	046,094,126
rise	050,140		
road	222		

settle	052,108
sever	072,090
severe	178,190
shake	038
shape	020,208
share	100
sharp	074,182
sharp-eyed	182
sharp-witted	182
shed	056
shelter	152
shield	152
shift	038
shiny	172
ship	048
shoot	122
shorten	114
should	198
show	042,120
show up	076
shred	072
shrewd	182
shriek	022
shrill	182
sink	056,066,084
sit	064
site	218
situation	218
size	028,208
skip	136
slack	136
slant	066
slap	040
slash	072
slice	072
slip	054,084
slit	072,166
slope	066
slow	056
small	178,186
smash	166
smile upon	160
smoke	094
smooth	138
smother	080
snap	074
snug	020,178
soak out	056,070,136
solid	176
solve	124
sound	176,194
space	046,218
spacious	192
spatter	062
speak	030
specialize	026
speech	214,220
spend	048,064,100
spin	154
splash	062
splendid	200
sport	206
spot	218
spread	064,108,138,144
stabilize	052
stable	176
stall	128
stanch	128
stand	046,086,094
stand back	084
stand by	152
stand up to	086
stare at	158
start	038,050,062,064,118,148
state	030
statement	214

stay	104
steady	052
steam	094
step back	084
step down	060
step up	022
stick	104,108
stick out	118
stick to	120
stick up for	152
stiff	176
stifle	128
still	186
stir	050
stop	128,150
stop over at	154
story	220
straighten	138
straighten out	124
straighten up	126
strain	144
street	222
strength	216
stretch	138,144,168
strict	178
strike	024,040,092
string	120,144
strong	176,178
strong-minded	178
stubborn	176
stuff	114,150
style	208
subject	220
submit	064,088
subsist	094
subtract	146
succeed	112
suffer	036
sufficient	200
suggest (that)	030
suit	020,028,160
suitable	198
sunny	172
supply	126
suppose	058,068
suppress	128
sure	176
surrender	168
survive	086
suspect	058
suspend	064,138
sustain	086
sway	038
sweaty	178
sweep	122
swing	038,154
switch off	072,080
switch on	034

T

tactless	196
tail	108
take	
	032,036,062,064,100,102,130,132,164
take a roundabout route	154
take away	130,132
take care	096
take care of	158
take in	114
take notice	096
take off	132,146
take out	088,136
take up	044,114,130
tale	220
talk	030,214,220
tall	184

tap	136
tarnish	212
teach	110
tear up	166
telegraph	040
tell	030,110
tend	066,158
tense	176
term	214
terrible	190
test	036
thick	194
thick-headed	196
think	042,058,068
thinking	210
thought	210
thread	120
tidy	180
tidy up	126
tie	162
tie up	162
tight	176,178
tighten	144
tilt	066
tiny	186
tip	066
tolerate	086
topic	220
total	028
touch	026,038
tough	176,178
tournament	218
towering	184
trace	042
track	222
trail	222
transfer	168
translate	134
transmit	110,120
travel	032
traverse	062
treat	026
trifle with	026
trivial	186
try out	100
tumble	054
tune	028
turf	144
turn	154,160
turn in	088
turn off	072,080,128
turn on	034,160
turn out	080
turn to	148
turn up	076,118
type	208

U

unbind	124
uncover	148
undergo	036,086
understand	102
undo	124,148
unfold	148
unhealthy	202
unlock	148
unpack	124,148
unravel	124
untie	124
unwrap	124
up	022
use	026,100
utter	088

V

vacant	196

vague	196
valuable	184
vanish	070, 080
vast	192
venerable	200
ventilate	120
vicious	202
view	158, 210
vintage	208
violate	166
visit	032, 076, 158
visualize	042
vocabulary	214

W

wade	120
wake	050
waken	050
walk	048
wall	150
want	058
warn	096
wash	056
wash out	054
waste	100
watch	096, 158
way	222
weave	144
where	218
whip	040
wicked	190, 202
wide	192
wide of the mark	188
widen	148
win	024, 132
windy	024
wire	040
wise	172
wish	058, 198
withstand	086
wonder	058, 068
wooden	176
word	214
work	038
work out	028, 124
work to	152
wound	212
write down	132
wrong	202

Y

yell	022

［著者］
晴山 陽一（はれやま・よういち）

1950年、東京都生まれ。早稲田大学文学部哲学科卒業後、出版社に入社し、経済雑誌の創刊、英語教材の開発を担当。現在は『英単語速習術』（ちくま新書）、『たった100単語の英会話』（青春出版社）等を生み出したベストセラー作家、英語教育研究家として知られる。著書に『すごい言葉』（文春新書）、『英語「3秒速答」スーパートレーニング』（アルク）、『英単語10000語チェックブック』（ダイヤモンド社）、『勝つための英単語』（ちくま新書）など多数。

〈ホームページ〉
http://y-hareyama.sakura.ne.jp

逆単
日本語から逆にたどる英単語

2008年4月10日　第1刷発行

著　者────晴山陽一
発行所────ダイヤモンド社
　　　　　〒150-8409　東京都渋谷区神宮前6-12-17
　　　　　http://www.diamond.co.jp/
　　　　　電話／03・5778・7236（編集）　03・5778・7240（販売）

デザイン────デジカル デザイン室
DTP　　　────ダイヤモンド・グラフィック社
製作進行────ダイヤモンド・グラフィック社
印刷　　　────勇進印刷（本文）・共栄メディア（カバー）
製本　　　────宮本製本所
編集担当────加藤貞顕

Ⓒ2008 Yoichi Hareyama
ISBN 978-4-478-00415-9

落丁・乱丁本はお手数ですが小社営業局宛にお送りください。送料小社負担にてお取替えいたします。但し、古書店で購入されたものについてはお取替えできません。
無断転載・複製を禁ず
Printed in Japan

◆ダイヤモンド社の本◆

あなたの英単語数は本当に足りていますか？

多くの日本人が英語を気楽に使えないのは、知っている単語数が圧倒的に足りないため。ネイティブの小学生は英単語を1万語以上知っています。10段階のレベルに分けた英単語1万語を収録しているので、順番にチェックすることで使える英語力が身につきます。

ネイティブの小学生なら誰でも知っている
英単語10000語チェックブック

晴山陽一 ［著］

●A5版●定価 2310円（税込）

http://www.diamond.co.jp/